CÍCERO

COLEÇÃO
FIGURAS DO SABER
dirigida por Richard Zrehen

Títulos publicados

1. *Kierkegaard*, de Charles Le Blanc
2. *Nietzsche*, de Richard Beardsworth
3. *Deleuze*, de Alberto Gualandi
4. *Maimônides*, de Gérard Haddad
5. *Espinosa*, de André Scala
6. *Foucault*, de Pierre Billouet
7. *Darwin*, de Charles Lenay
8. *Wittgenstein*, de François Schmitz
9. *Kant*, de Denis Thouard
10. *Locke*, de Alexis Tadié
11. *D'Alembert*, de Michel Paty
12. *Hegel*, de Benoît Timmermans
13. *Lacan*, de Alain Vanier
14. *Flávio Josefo*, de Denis Lamour
15. *Averróis*, de Ali Benmakhlouf
16. *Husserl*, de Jean-Michel Salanskis
17. *Os estoicos I*, de Frédérique Ildefonse
18. *Freud*, de Patrick Landman
19. *Lyotard*, de Alberto Gualandi
20. *Pascal*, de Francesco Paolo Adorno
21. *Comte*, de Laurent Fédi
22. *Einstein*, de Michel Paty
23. *Saussure*, de Claudine Normand
24. *Lévinas*, de François-David Sebbah
25. *Cantor*, de Jean-Pierre Belna
26. *Heidegger*, de Jean-Michel Salanskis
27. *Derrida*, de Jean-Michel Salanskis
28. *Montaigne*, de Ali Benmakhlouf
29. *Turing*, de Jean Lassègue
30. *Bachelard*, de Vincent Bontems
31. *Newton*, de Marco Panza
32. *Sartre*, de Nathalie Monnin
33. *Lévi-Strauss*, de Olivier Dekens

CÍCERO
CLARA AUVRAY-ASSAYAS

Tradução
Jane Pessoa

Estação Liberdade

FIGURAS DO SABER

Título original francês: *Cicéron*
© Société d'Édition Les Belles Lettres, 2006
© Editora Estação Liberdade, 2018, para esta tradução

PREPARAÇÃO Edgard Murano
REVISÃO Huendel Viana
CAPA Natanael Longo de Oliveira
COMPOSIÇÃO Miguel Simon

CIP-BRASIL. CATALOGAÇÃO NA PUBLICAÇÃO
SINDICATO NACIONAL DOS EDITORES DE LIVROS, RJ

A959c

    Auvray-Assayas, Clara, 1960-
        Cícero / Clara Auvray-Assayas ; tradução Jane Pessoa. - 1. ed. - São Paulo : Estação Liberdade, 2018.
        144 p. ; 21 cm.   (Figuras do saber ; 34)

        Tradução de: Cicéron
        Inclui bibliografia
        ISBN 978-85-7448-293-4

        1. Cícero, Marco Túlio. 2. Filósofos - Grécia - Biografia. 3. Filosofia antiga. I. Pessoa, Jane. II. Título. III. Série.

18-48492   CDD: 921.95
                              CDU: 929.1(38)

Meri Gleice Rodrigues de Souza - Bibliotecária CRB-7/6439

20/03/2018   22/03/2018

Todos os direitos reservados à Editora Estação Liberdade. Nenhuma parte da obra pode ser reproduzida, adaptada, multiplicada ou divulgada de nenhuma forma (em particular por meios de reprografia ou processos digitais) sem autorização expressa da editora, e em virtude da legislação em vigor.

Esta publicação segue as normas do Acordo Ortográfico da Língua Portuguesa, Decreto nº 6.583, de 29 de setembro de 2008.

EDITORA ESTAÇÃO LIBERDADE LTDA.
Rua Dona Elisa, 116 | Barra Funda | 01155-030
São Paulo – SP | Tel.: (11) 3660 3180
www.estacaoliberdade.com.br

Em memória de meus avós

Sumário

Cronologia   11

Introdução   15

I. Julgar livremente   27
    "Traduzir os gregos?"   29
    Qual filosofia grega em Roma?   31
    Pensar em sua língua: o conceito do probabile   35
    A recriação do diálogo em Roma   40
    Leituras e adaptações de Platão   46

II. A filosofia eloquente: esboço de filosofia política   57
    O probabile, *parâmetro e garantia do exercício*
        da palavra   59
    Os tópicos *contra a dialética*   61
    Para erradicar o sábio omisso   64
    Qual língua falam os epicuristas?   69
    Contra a técnica, pela cultura   72
    Contra Platão?   75

III. O "dever do homem"   81
    As lições políticas do Sonho de Cipião   82
    A história coletiva e a configuração da política   90
    "Contra os físicos"   99
    A suspeição do divino   104

IV. Retrato do homem como artista   109
   Persona: o sujeito ético no campo de ação do
      probabile   110
   O corpo ético do cidadão   116
   Do bom uso das paixões   122
   A amizade como paradigma da política   125

Uma filosofia para o cidadão   129

Referências bibliográficas   133
   Obras de Cícero citadas   133
   Estudos sobre Cícero   136
   Obras coletivas   136
   Estudos sobre a filosofia helenística   137

Cronologia

106	Nascimento, no dia 13 de janeiro, em Arpino, cidadezinha situada a 120 quilômetros a sudeste de Roma, de Cícero (Marco Túlio Cícero), em uma família de cavaleiros que o enviará a Roma para prosseguir seus estudos com os oradores Crasso e Antônio; nascimento de Pompeu.
100	Nascimento de Caio Júlio César, sobrinho de Mário, reeleito cônsul pela sexta vez.
91-88	Cícero é posto sob o comando do pai de Pompeu durante a Guerra Social e se aproxima do filho; estuda direito com Quinto Múcio Cévola, o Áugure[1], e ouve as conferências de Fílon de Larissa e Fedro em Roma.
86	Escreve o diálogo *Da invenção*.
87	Estuda direito com Quinto Múcio Cévola, o Pontífice Máximo, encontra o estoico Posidônio de Rodes, e se relaciona com Diótodo, filósofo estoico que viverá na casa de Cícero até sua morte, em 59 a.C.
80	Primeiro discurso de Cícero em um julgamento público, o *Pro Roscio Amerino*.

---

1. Quinto Múcio Cévola, o Áugure, cônsul em 117 a.C., deve ser distinguido de seu parente, Quinto Múcio Cévola, o Pontífice Máximo, um dos maiores juristas de sua época e cônsul, com Lúcio Licínio Crasso, em 95 a.C. [N.T.]

79-78	Viaja para a Ásia Menor e para a Grécia; segue as aulas de Posidônio, em Rodes, e de Antíoco de Ascalon, Zenão de Sídon e Fedro, em Atenas.
77	É nomeado questor (magistrado encarregado do controle das finanças das províncias) na Sicília, em Lilibea.
73	Liderados por Espártaco, gladiadores e escravos se revoltam.
71	Pompeu e Crasso esmagam a rebelião.
70	Cícero acusa Verres, antigo governador, de peculato na Sicília; Crasso e Pompeu são nomeados cônsules.
69	Cícero é nomeado edil (magistrado encarregado da jurisdição civil e da ordem pública).
66	É nomeado pretor (magistrado que administra a justiça).
65	Júlio César torna-se edil.
63	Cícero é nomeado cônsul; denuncia a conjuração de Catilina e condena a ele e a seus cúmplices, sem julgamento, utilizando-se do *Senatus consultum ultimum*.[2]
60	César, Crasso e Pompeu compartilham o poder e formam o Primeiro Triunvirato.
59	Júlio César torna-se cônsul.
58	Cícero é exilado por Clódio, o tribuno da plebe.
57	Cícero volta do exílio.
55	Escreve o diálogo *Do orador*.
53	É eleito membro do colégio dos áugures (responsável pelo controle dos auspícios).

---

2. Decreto final do Senado, que dava aos cônsules poderes para tomar todas as medidas necessárias à proteção do Estado. [N.T.]

51	Júlio César conquista a Gália; Cícero publica *Da República*, diálogo iniciado em 54 a.c.; governa a província da Cilícia; começa a redação do diálogo *Das leis*.
50	Retorna à Itália.
49	Júlio César atravessa o Rubicão (pequeno rio que separa a Gália Cisalpina da Itália) e invade o território italiano com suas tropas, desencadeando a guerra civil.
48	Júlio César derrota Pompeu em Farsália (norte da Grécia); Pompeu foge para o Egito, onde é assassinado.
47	Cícero, que apoiou Pompeu durante a guerra civil, recebe o perdão do vencedor, César.
46	Escreve *Brutus, Paradoxos dos estoicos, Elogio de Catão* e *Orator*.
45	Escreve *Hortensius, Consolatio* (depois da morte de sua filha Túlia, em fevereiro), *Academica*, o diálogo *Dos termos extremos do bem e do mal, Discussões tusculanas* e *Da natureza dos deuses*.
44	Escreve os diálogos *Da velhice, Sobre a adivinhação, Sobre o destino, Da amizade, Os tópicos, Dos deveres* e, contra Marco Antônio, suas quatro primeiras *Filípicas*; Júlio César é assassinado.
43	Marco Antônio, Lépido e Otaviano, o futuro Augusto, formam o Segundo Triunvirato; Cícero combate Marco Antônio até sua 14ª *Filípica*; é morto em 7 de dezembro a mando de Marco Antônio.

Introdução

Da Antiguidade até o fim do século XVIII, os diálogos filosóficos de Cícero foram lidos, comentados e amplamente utilizados sem que a competência filosófica do autor fosse contestada, muito pelo contrário: Cícero forneceu aos Padres da Igreja as armas para combater o paganismo e os argumentos para atestar a providência divina; os eruditos da Idade Média copiaram abundantemente obras nas quais encontraram força graças à influência que elas tiveram sobre Santo Agostinho; para Montaigne, Gassendi e Voltaire, Cícero, afinal, era um mestre da liberdade de pensamento, do questionamento e da dúvida metódica.

O ponto de vista mudou radicalmente quando o século XIX "redescobriu" a filosofia grega, tornando-a a origem e o modelo de suas próprias práticas filosóficas. Deixou-se, então, de ler Cícero em si: liam-se suas obras apenas para encontrar nelas os gregos. Elas foram reduzidas à mera compilação, simples esquema expositivo por trás do qual era preciso "reconstruir" uma ou várias fontes gregas obscurecidas ou traídas pela tradução para o latim.

Uma tão brutal desqualificação tem ao menos o mérito de revelar os obstáculos sobre os quais o leitor de hoje ainda pode hesitar, e que poderiam ser resumidos assim: Cícero não é apenas um "*passeur*" cujas competências se limitam à "tradução" dos gregos, e se ele demonstra um interesse digno de "homem honesto" pela filosofia, toda sua vida foi a de um homem político que conquistou o poder em virtude de seus dons de orador excepcionais. Um político não pode se considerar um filósofo, um romano não pode filosofar de modo diferente dos gregos: essas "resistências" que ainda impedem a leitura de Cícero *per se* são, no entanto, meros preconceitos. Elas refletem a real dificuldade da obra, oriunda justamente da aposta ambiciosa de Cícero: ele quer escrever filosofia na linguagem falada no fórum, para situar melhor o debate filosófico no centro do espaço político. Fazer da política o campo no qual a atividade dos homens possa alcançar a excelência, reorganizando a partir daí toda a hierarquia de valores, tal é o objetivo pelo qual se orienta o percurso filosófico de Cícero.

Reler Cícero hoje pressupõe que se restituam todas as suas questões filosóficas, levando em conta a primeira escolha feita por ele: escrever filosofia em latim, não em grego, e para isso forjar uma linguagem "filosófica" que ainda não existe, que se enriquece à medida que se elabora o pensamento. Esse latim em formação, ferramenta que leva a pensar a partir de recortes conceituais alheios à língua grega, permite a Cícero explorar outros caminhos.

Mas essas explorações têm origem nas questões suscitadas pelos gregos antes dele: avaliar o uso que Cícero faz de seus predecessores ou de seus contemporâneos é a segunda condição para compreender sua especificidade. Pode-se agora fazê-lo através de trabalhos que, em menos de cinquenta anos, modificaram profundamente nossos conhecimentos sobre a filosofia helenística da época romana[1]: eles permitem não somente reavaliar a competência filosófica de Cícero, lhe restituindo o que, durante muito

---

1. Há nos três volumes de *Les Philosophes hellénistiques*, de A. A. Long e D. Sedley (Paris: Flammarion, 2001), uma extensa bibliografia selecionada que dá a medida dos trabalhos realizados nas últimas décadas.

tempo, atribuiu-se a fontes fictícias, mas também apreender a coerência de um verdadeiro caminho filosófico. No entanto, antes de evocar as etapas desse percurso, convém especificar, desde já, o que se deve à posição singular de Cícero no mundo da filosofia grega.

Cícero não é um professor ou um orador proveniente do mundo grego, como o foram os estoicos Panécio e Posidônio[2], ou o epicurista Filodemo de Gadara[3], tampouco é como seu contemporâneo Lucrécio[4], um romano preocupado em transmitir uma doutrina grega, ou seja, a "revelação" de Epicuro. Por outro lado, ele é um cidadão que conquistou a mais alta magistratura da República romana, o consulado; não foi um "conselheiro" do príncipe, como o será Sêneca, nem um antigo escravo, como Epicteto, tampouco imperador, como Marco Aurélio.[5]

---

2. Panécio de Rodes (c. 185-109 a.C.), depois de formado em Pérgamo e Atenas, viajou a Roma, onde foi acolhido pela poderosa família de Cipião. Em seguida, voltou à direção da Escola Estoica de Atenas (a Stoá). Há relatos antigos sobre seus escritos perdidos, compilados por F. Alesse, *Panezio di Rodi: Testimonianze* (Nápoles: Bibliopolis, 1997). Posidônio de Apameia (c. 135-51 a.C.) estudou com Panécio em Atenas, depois se estabeleceu em Rodes, onde exerceu cargos públicos e ministrou aulas que fizeram com que viessem para Rodes gregos e romanos (como Cícero). Os fragmentos de sua obra foram reunidos e comentados por L. Edelstein e I. G. Kidd, *Posidonius. Vol. I: The Fragments; Vol. II: The Commentary; Vol. III: The Translation of the Fragments* (Cambridge University Press, 3 vols., 1972-1988).

3. Filodemo de Gadara (c. 110-40 a.C.) mudou-se para Roma por volta de 75 a.C. e gozou da proteção da poderosa família de Pisão; em Herculano, perto de Nápoles, ensinou a doutrina epicurista e, mais comumente, história da filosofia a muitos romanos (inclusive Virgílio e Horácio). Suas muitas obras, descobertas em papiros em Herculano, são editadas há trinta anos pela Bibliopolis, na coleção La Scuola di Epicuro.

4. Tito Lucrécio Caro (c. 94-51 a.C.) foi o primeiro a expor em versos latinos a doutrina de Epicuro, no poema *De rerum natura*. Cícero é o único entre seus contemporâneos a mencionar essa obra, cujo acabamento artístico ele elogia (*Carta a seu irmão Quinto*, 2, 10).

5. Sêneca (c. 4 a.C.-65), formado em filosofia estoica, foi responsável pela instrução do jovem Nero, de quem, depois, foi conselheiro até 62;

Seu total compromisso com a vida política, mesmo depois de a ditadura de César tê-lo afastado do centro do poder, tem uma consequência decisiva sobre sua prática filosófica, que não é resultado do isolamento, do ócio para estudar (*otium*), concebido em oposição aos assuntos públicos, mas, ao contrário, é uma atividade que irriga todas as outras, desde sua juventude. Por fim, e não menos importante, Cícero quer divulgar em Roma uma tradição filosófica, a da Nova Academia[6], que se define, em primeiro lugar, por um método crítico destinado a pôr à prova a coerência das doutrinas estoicas e epicuristas.

Por todas essas razões, Cícero não pode encontrar seu lugar entre esses médicos da alma e esses mestres da sabedoria que os leitores de hoje redescobriram na filosofia helenística e romana. Não há em sua obra nenhuma figura de sábio que ofereça um modelo filosófico ou político, nenhum "sistema da natureza" que assegure normas políticas e éticas. Cícero não propõe ao leitor do nosso tempo uma medicina que trate da infelicidade, nem lhe dá uma chance, nesses tempos conturbados, de acreditar na todo-poderosa razão. Todo o projeto filosófico de Cícero está construído sobre o homem,

---

Epicteto, que viveu na segunda metade do século I d.C., foi libertado por seu mestre e, após ter seguido as lições do estoico Musônio Rufo, passou ele mesmo a ensinar; suas aulas foram publicadas por Ariano, sob os títulos *Diatribes* e *Manual*. Marco Aurélio (121-180), que foi imperador de 161 a 180, é o modelo antigo mais acabado do "filósofo-rei", pondo em prática os preceitos do estoicismo: suas *Meditações* reconstituem as lucubrações que ele escreveu para si mesmo.

6. "Nova Academia" designa a escola de Platão a partir do escolarca Arcesilau (316-242 a.C.), que privilegiou uma interpretação cética de Platão, enquanto os primeiros sucessores do mestre (Espeusipo, Xenócrates, Polemo) parecem ter dado uma forma dogmática aos elementos de doutrina que se encontra nos diálogos. Depois de Arcesilau, Carnéades (214-129 a.C.), Clitômaco (187-110 a.C.) e, por fim, Fílon de Larissa (159-84 a.C.) mantiveram a interpretação cética.

abarcado fora das categorias do sábio, do filósofo e do insensato: é o homem em sua precariedade ontológica, em suas limitações cognitivas, em sua capacidade de construir e destruir as relações sociais e políticas, em seu enraizamento na história, em sua necessidade de ação e em suas aspirações de conhecer o que lhe é ainda inacessível.

Assim observado e analisado, o homem sobre o qual Cícero se interroga é um objeto filosófico inédito na Antiguidade: ele não é, com efeito, "a medida de todas as coisas", seguindo a concepção do sofista Protágoras que faz do homem a única referência possível, e também não é o doente que é preciso curar ou o ignorante que é necessário educar. Não é, por conseguinte, nem a justificação de um relativismo preguiçoso, nem um material a ser moldado: Cícero se recusa tanto a limitar a investigação filosófica a uma antropologia quanto a transformar sua reflexão sobre o homem em um programa educativo. Nisso consistem a singularidade de Cícero e o interesse do leitor de hoje por ele.

Fruto da maturidade, a obra filosófica de Cícero foi composta durante os dez últimos anos de sua vida; ela confere uma forma escrita a uma prática filosófica contínua que ele próprio apresenta como outra faceta de seu engajamento na vida pública neste esboço autobiográfico intelectual escrito dois anos antes de sua morte:

> Não foi de um dia para o outro que passei a me dedicar à filosofia, desde muito jovem consagrei a esse estudo esforços significativos e constantes; justamente quando menos parecia que eu me aplicava com afinco à filosofia: meus discursos, imbuídos de filosofia, são testemunho disso, assim como minha proximidade com os eminentes sábios que sempre honraram minha casa, e ainda com os mestres que me instruíram, Diódoto,

Fílon, Antíoco[7], Posidônio, os melhores representantes de suas doutrinas. [...]
Se me perguntam qual motivo me levou a escrever tão tardiamente sobre esses assuntos, nada há que se possa explicar tão facilmente. Visto que eu languescia na ociosidade e o estado da república era tal que tornava necessário confiar o governo à deliberação e à responsabilidade de um único homem, pensei que, antes de tudo, no interesse da própria república, eu precisava apresentar a filosofia a nossos cidadãos, considerando que era muito importante para o prestígio e a glória de nossa pátria que assuntos tão sérios e tão nobres fossem tratados em latim.[8]

Então, depois que exerceu o consulado, termo de uma carreira de honras que ele conduziu sem pertencer a uma família senatorial, depois que conheceu o exílio, viveu os horrores da guerra civil que opôs César e Pompeu, e assistiu, por fim, ao confisco de todos os poderes por César, foi que Cícero escreveu a maior parte de suas obras. Resposta tanto política quanto filosófica ao surgimento da tirania, o conjunto dos diálogos e tratados procura manter, no espaço público que delimita o uso do latim, a possibilidade de refletir e de discutir livremente sobre questões vitais de ética e de política: se os diálogos de antes da guerra civil aventam explicitamente as condições para o exercício da cidadania, quer trate-se da constituição do Estado, de suas leis, da retórica política, os diálogos escritos sob a ditadura de César e depois da morte deste retomam, num plano mais amplo, a investigação sobre os valores que devem guiar a conduta do homem-cidadão. O que sabemos?

---

7. Antíoco de Ascalon (130 a.C.-?) foi discípulo de Fílon de Larissa antes de fundar sua própria escola. Sobre a influência exercida por esses três mestres, ver pp. 32-35.
8. Cícero, *Da natureza dos deuses*, 1, 6-7.

A ordem do mundo nos é acessível? Os deuses intervêm na vida dos homens?

Essas questões, pré-requisitos para qualquer reflexão sobre os fins da vida humana e a possibilidade da felicidade, são formuladas ao longo das disputas e confrontações de interlocutores representando tradições filosóficas diversas e muitas vezes opostas: privilegiando a forma do debate contraditório, Cícero lembra a seus contemporâneos, como também aos leitores de hoje, que a prática dialógica da filosofia pode fornecer um modelo para as discussões realizadas no espaço cívico do fórum.

A orientação resolutamente política desse projeto filosófico explica dois aspectos essenciais da singularidade de Cícero: se ele optou por divulgar em Roma a tradição da Nova Academia, é porque lá, em seu entender, ele encontra a liberdade de julgamento sufocada nas escolas estoicas e epicuristas pela observância cega do dogma ou do mestre. Então, não admira que ele não se considere discípulo de um mestre, mas um defensor ou advogado — *patronus* — de uma tradição filosófica sem representantes.[9]

É portanto como um advogado no *fórum*, lugar de discursos judiciais e políticos, que Cícero quer invocar o interesse da linhagem filosófica que ele defende; e a vigorosa controvérsia que atravessa sua obra se explica pelos desafios que ele atribui a um modo de filosofar cujas implicações são tanto políticas quanto filosóficas: recusando qualquer forma de autoridade, exercendo incansavelmente uma vigilância crítica que não poupa nem os filósofos que ele admira, como Platão e Carnéades, Cícero procura manter a liberdade que faz dele um cidadão-filósofo. Com efeito, é graças apenas à preservação dessa liberdade que pode ser assegurada a autonomia de um sujeito que é unicamente a

---

9. Fílon, o último escolarca da Academia, morreu em 84 a.C., ou seja, trinta anos antes dos primeiros diálogos de Cícero.

instância de julgamento e de decisão. Mas essa autonomia não se constitui no isolamento: não é a autonomia do sábio estoico, forjada para se proteger de todas as servidões, é a autonomia de um sujeito que vota, que age, numa comunidade onde o debate de ideias e os conflitos de opiniões são um motor potente da História. Desse modo, os diferentes planos sobre os quais se desenvolve a liberdade do sujeito determinam os elos estreitos que associam o ato de escrever diálogos filosóficos ao compromisso sem reservas com a vida política, independente da forma que as circunstâncias possam lhe oferecer.

Resta explicar o que faz de Cícero um filósofo: não basta dizer que ele pensa em sua língua e que desloca, ao mesmo tempo, os desafios e as perspectivas das questões clássicas da filosofia. Não é suficiente dizer também que ele opta pela vasta "biblioteca dos gregos" para refletir com ferramentas sempre postas à prova. Nem o deslocamento de uma língua à outra nem a liberdade de julgamento que ele demonstra para repensar e reavaliar as questões formuladas por seus predecessores na filosofia podem resumir a contribuição de Cícero à filosofia, mesmo que se encontre nele facilmente muitos traços que Diderot enalteceu no filósofo eclético:

> Eclético é um filósofo que espezinha o preconceito, a tradição, a antiguidade, o consentimento universal, a autoridade — em uma palavra tudo o que subjuga as mentes —, ousa pensar por si mesmo, ascender aos mais claros princípios gerais, examiná-los, discuti-los, não admitindo nada além do testemunho de sua experiência e de sua razão.[10]

---

10. *Enciclopédia*, verbete "Ecletismo".

Esse ideal filosófico do Século das Luzes é essencialmente um método: Cícero o antecipou, mas este não é seu único mérito. O mais importante é que ele também construiu um novo espaço conceitual: para avaliar essa empreitada, o que proponho fazer neste livro, é preciso atribuir toda a sua extensão ao *probabile* — o que é suscetível de receber minha aprovação/ o que pode ser submetido à análise —, cuja elaboração como conceito permitiu a Cícero definir progressivamente os campos de reflexão que lhe são próprios.

De início, veremos por que o *probabile* não é uma "tradução do grego", mas um conceito forjado por Cícero; seu uso não se limita à teoria do conhecimento, no entanto, permite articular a retórica e a filosofia e, consequentemente, a política e a filosofia. É nesse ponto que ele ajuda a refletir sobre o lugar do homem no mundo, estabelecendo as condições de possibilidade de um discurso sobre o homem e dando, ao mesmo tempo, uma completa coerência ao homem como sujeito ético.

Privilegiar o *probabile* para percorrer o corpus filosófico de Cícero equivale a propor uma orientação de leitura, esta que considerei mais pertinente para realçar a fecundidade da obra, sem, todavia, congelá-la em uma abordagem que a procure "sistematizar" como capítulos de uma doutrina, o que precisamente se constrói numa crítica racional de todas as doutrinas sistemáticas.

Para reconstituir esse caminho crítico sem prejudicar a clareza da exposição, é preciso tomar algumas precauções. Primeiro, não se contentar em buscar Cícero atrás da máscara deste ou daquele interlocutor, mas, sim, ter em conta o sábio dispositivo interpretativo que seus diálogos estabelecem. É preciso também tomar cuidado para não isolar dois períodos na produção ciceroniana, separados apenas por oito anos, mas considerar a obra em sua totalidade: evita-se assim inventar divergências entre duas séries de trabalhos, alegando que elas teriam sido inspiradas por dois mestres diferentes, Antíoco ou Fílon, ou produzidas em circunstâncias distintas. Embora seja verdade que os três primeiros grandes diálogos foram escritos antes da guerra civil, deve-se, sobretudo, ter em mente que todas as obras filosóficas foram redigidas quando Cícero, de volta do exílio, constatou que tinha irremediavelmente perdido seu poder e sua influência políticos.

Finalmente, saber de qual filósofo Cícero toma emprestado este ou aquele desenvolvimento tem um interesse filosófico apenas se isso for explicitado por ele e abordado numa problemática que define os desafios desse empréstimo; se não é o caso, mesmo quando a filiação parece óbvia a um leitor moderno, não se ganha nada em colocar um nome específico no que é apresentado sob o anonimato de um pensamento comum, e que tem boas chances de ter sido, então, percebido e recebido como comum: as condições de circulação e difusão das obras dos filósofos na Antiguidade são tais que o Aristóteles de Cícero, que desapareceu para nós, apresenta muito pouco dos traços comuns em relação àquele que lemos hoje e que foi exumado depois da morte de Cícero.

Todas essas precauções são ditadas pela necessidade de se respeitar, da melhor forma possível, as condições nas quais Cícero elaborou seu pensamento. Ora, essas condições devem ser explicitadas previamente se se quer participar das determinações históricas e culturais na atividade filosófica de Cícero. Esta é a razão pela qual começarei por tratar da "recepção" da filosofia grega por Cícero, salientando a liberdade que ele demonstra em relação às autoridades gregas. Essa liberdade, a do "defensor" de uma herança ativamente reapropriada e não passivamente recebida, pode ser reivindicada pelo cidadão romano: liberdade do escritor que não é um "tradutor", liberdade também na recriação da forma platônica do diálogo, liberdade, enfim, nas releituras e nos usos de Platão.

Por isso que Cícero não é um historiador da filosofia, mas um filósofo que quer construir uma história da filosofia que ofereça a seus leitores ferramentas para pensar. Levando em consideração essa maneira própria de filosofar, veremos como se elabora e em seguida se expande o conceito ciceroniano do *probabile*: sua extensão máxima aponta, retrospectivamente, para a coerência do projeto geral, desde suas primeiras formulações no diálogo *Do orador*, em 55 a.C., e autoriza ler em sua totalidade o conjunto dos escritos filosóficos sem forçosamente privilegiar em cada obra as filiações explícitas e as problemáticas herdadas.

Abordarei, na sequência, três aspectos essenciais do pensamento ético e político de Cícero que podem ser introduzidos brevemente com estas questões: quais condições políticas e filosóficas podem legitimar um bom uso da palavra? Quais são os modelos suscetíveis a fundar uma teoria política e uma teoria ética? Como definir o sujeito ético levando em conta o homem em sua totalidade, como ser da sociabilidade, dos afetos, corpo e alma misturados?

A fecundidade dessas questões explica facilmente a importância da posteridade de Cícero, da Antiguidade cristã até o Iluminismo: mas ela vai além? Nunca reivindicada, quando não conscientemente oculta, a influência ciceroniana não é perceptível como tal, tanto ela faz parte integrante da cultura: um dos objetivos deste livro é oferecer os meios de "encontrar" a posteridade latente de Cícero nas abordagens contemporâneas da filosofia. Filosofia do sujeito, filosofia do cidadão, porque ela é, principalmente, uma filosofia do *probabile*, em que o sujeito se envolve num ato de julgamento cujos limites são antes apreendidos, a filosofia de Cícero convida o leitor de hoje a refazer o percurso que leva de uma epistemologia "provisória" a uma construção política e ética na qual o homem pode encontrar as razões da ação.

I
Julgar livremente

Meu julgamento é livre: manter-me-ei fiel aos meus princípios e buscarei sempre, em todas as questões, o que estiver mais bem fundamentado a receber minha aprovação (*probabile*), porque, na prática da filosofia, não estou ligado às leis de uma escola em particular, à qual devo forçosamente obediência.[1]

Sem os diálogos de Cícero, nos quais os romanos expõem as doutrinas das principais escolas filosóficas ainda representadas à época romana, não saberíamos quase nada dos debates e das controvérsias que nutriram a produção filosófica desde a morte de Teofrasto[2], discípulo e sucessor de Aristóteles, até Cícero. Assim, a perda de grande parte da filosofia do período helenístico fez de Cícero um historiador da filosofia insubstituível: mas essa função não é aquela em que Cícero é reconhecido. Se ele sabe utilizar perfeitamente a história da filosofia, porque domina o que está em jogo nas diversas concepções da história das doutrinas que se

---

1. Cícero, *Discussões tusculanas*, 4, 7.
2. Teofrasto (c. 372-288 a.C.) dirigiu a escola de Aristóteles, o Liceu, depois de sua morte, em 322 a.C. De suas muitas obras, sobreviveram (com exceção dos *Caracteres*) somente alguns trabalhos sobre botânica e fragmentos (que tratam da retórica, da metafísica, da política).

opõem a seu tempo, seu objetivo é submeter a um exame crítico o que os filósofos gregos sustentaram sobre as questões que ele, por sua vez, quer tratar. Essa perspectiva, que não é a de um historiador da filosofia e muito menos de um tradutor da filosofia grega, se explica ao mesmo tempo pelo método que Cícero herdou da Nova Academia e pela forma como a cultura grega foi recebida em Roma, à qual Cícero confere um alcance filosófico significativo. É por este segundo ponto que começarei, para iluminar melhor o primeiro.

> E se minha tarefa não é a do tradutor, mas, respeitando as palavras proferidas por aqueles que submeto à apreciação (*probare*), acrescento-lhes meu próprio julgamento e meu próprio plano, por que preferiríamos as obras gregas àquelas cujo estilo é brilhante e não são traduções do grego?[3]

Quando Cícero reivindica para seus escritos filosóficos muito mais do que o brilho do estilo, e chama a atenção para o exercício de seu julgamento (*iudicium*) e para uma ordem de exposição que lhe é própria (*ordo scribendi*), ele define seu trabalho em oposição ao do tradutor, *interpres*. No entanto, essa distinção foi tão pouco considerada que se procurou, durante muito tempo, hipotéticos textos gregos em cada página ciceroniana. Porém, basta recordar, de saída, a perfeita inutilidade das traduções do grego para o latim a leitores completamente bilíngues e, então, se compreenderá os desafios estritamente filosóficos do projeto de Cícero; se compreenderá também que as relações que um romano mantém com suas "fontes" gregas não podem ser definidas através da cópia nem da compilação.

---

3. Cícero, *Dos termos extremos do bem e do mal*, 1, 6.

"Traduzir os gregos?"

Varro[4], o contemporâneo de Cícero que foi um notável historiador das instituições e da língua, se recusou a escrever filosofia em latim, porque aqueles que se interessam por ela a leem em grego, e os que desconhecem a cultura grega não podem compreender a filosofia: ao menos é assim que Cícero faz Varro falar em suas *Academica* (1, 4), para melhor ressaltar a novidade de sua própria empreitada, que visa fornecer a seus contemporâneos as ferramentas linguísticas para pensar, conforme as categorias romanas, a moral, a *res publica* e o mundo. Todavia, a abordagem de Cícero deve ser avaliada de acordo com a sequência daquilo que foi instituído por Varro, que permitiu aos romanos "passear como estrangeiros em (sua) cidade, para reconhecer quem [eram] e onde estavam" (*Academica posteriora*, 1, 9): nos dois casos, tanto para Varro quanto para Cícero, trata-se de dar aos romanos os meios de refletir sobre aquilo que os constitui em particular, mas, para Cícero, é preciso fazê-lo a partir da própria língua.

Escrever filosofia em latim requer muito menos a criação de palavras novas que uma reflexão profunda sobre a língua latina e a disposição de seu léxico: no vaivém da tradução se especificam as relações entre as palavras e se estabelece a história de seus usos. É por isso que Cícero, entre os vários verbos utilizados para designar a passagem de uma língua à outra, privilegia *transferre*, que significa tanto a "transferência" de uma língua à outra quanto o

---

4. Marco Terêncio Varro (116-27 a.C.), formado em filosofia por Antíoco, foi o primeiro "erudito" de Roma: escreveu sobre história romana, literatura, direito, filosofia, língua latina e agricultura. Além de fragmentos de suas *Sátiras menipeias*, restam apenas o diálogo *Sobre a agricultura* e alguns excertos de seu tratado sobre *A língua latina*. Mas conhecemos a construção e uma parte significativa das *Antiguidades humanas e divinas* graças à *Cidade de Deus*, de Santo Agostinho.

deslocamento, após o qual se cria o uso metafórico de uma palavra. Desse modo, na "transferência" entre o sistema no qual o conceito ou a expressão grega adquiria seu significado e o uso corrente do latim, se desenvolve uma atividade que os romanos não restringem ao sentido moderno que conferimos à "tradução": a linguagem filosófica latina se constrói ao longo de uma operação que se deve apreender em dois planos, e que consiste em transferir o grego para um latim "deslocado" em relação à norma; linguagem cujo emprego exige por si só uma reflexão crítica sobre os valores do uso. É essa a etapa metodológica indispensável para o exercício da filosofia.

Mas a operação de transferência não se limita à linguagem, pois Cícero invoca o precedente dos fundadores da literatura latina, aqueles poetas e dramaturgos que não hesitaram em "transportar" (*transferre*) os elementos emprestados de diferentes obras gregas para compor as suas:

> Quando julgar oportuno, e apropriada a ocasião, "transportarei" algumas passagens (*loci*) emprestadas principalmente de [Platão e Aristóteles]; como tem sido a prática comum de Ênio com Homero, e Afrânio com Menandro.[5]

Os exemplos escolhidos são suficientes para lembrar que o "deslocamento" não é uma tradução: Ênio escreveu um poema épico para contar a história de Roma, Afrânio

---

5. Cícero, *Dos termos extremos do bem e do mal*, 1, 7. Quinto Ênio (239--169 a.C.), além das tragédias e sátiras que se perderam, escreveu os *Anais*, primeira epopeia em que o verso utilizado por Homero (o hexâmetro dactílico) é empregado em Roma. Afrânio (segunda metade do século II a.C.) escreveu muitas comédias, das quais só restam alguns fragmentos. Menandro (c. 344-292 a.C.) compôs uma centena de comédias: além dos fragmentos transmitidos em citações, sete delas estão em grande parte preservadas em papiros.

escreveu peças cujo assunto é romano. Ainda assim, eles conseguiram extrair o que, em cada gênero, poderia constituir "passagens obrigatórias", esses "lugares" que caracterizam uma tradição genérica. Portanto, reivindicando a liberdade de "deslocar" as passagens dos autores que lhe interessam, Cícero afirma claramente que ele procede de acordo com um método que lhe é próprio, sem se sentir constrangido a um modelo, e menos ainda a uma problemática já constituída: vemos como o modo pelo qual os romanos criaram sua literatura tornou-se os princípios gerais que orientam a criação das obras filosóficas em latim. Cícero, assim, lança raízes romanas no método filosófico que escolheu.

Não se trata, todavia, de justificar dessa forma o que se chama pejorativamente de ecletismo: escolher livremente tópicos que serão submetidos à análise para desenvolver uma reflexão não é fazer uso superficial dos recursos da história da filosofia, mas, ao contrário, é afirmar que cada momento dessa história coletiva do pensamento, longe de ser arrastado e anulado pelo que se segue, pode fornecer materiais. Essa afirmação apresenta um duplo interesse: ela reflete as condições particulares nas quais a "biblioteca filosófica" dos gregos chegou a Roma e, sobretudo, torna possível e legítimo o movimento de "retorno a Platão" que Cícero quer empreender. Abordarei esses dois pontos na sequência.

Qual filosofia grega em Roma?

O que se chama convenientemente de "filosofia helenística", e que engloba as correntes nascidas depois de Alexandre, o Grande — epicurismo, estoicismo, pirronismo e Nova Academia —, não representa exatamente, em Roma, um "período" da história da filosofia que teria se sucedido às correntes "clássicas", Platão e Aristóteles.

Desde a célebre embaixada[6] de 155, em que três filósofos — o estoico Diógenes da Babilônia, o peripatético Critolau e o neoacadêmico Carnéades — foram a Roma para representar os interesses de Atenas no Senado romano e ali fizeram conferências, a difusão das doutrinas filosóficas seguiu em Roma etapas que não correspondem rigorosamente à periodização moderna, e também não refletem o estado das Escolas em Atenas quando Cícero, em 79, lá esteve para completar sua formação.

O próprio percurso de Cícero é bastante esclarecedor: de início, ele ouve com muito interesse as lições do epicurista Fedro[7], depois as de Fílon de Larissa, o último escolarca da Academia que veio a Roma para escapar ao domínio de Mitrídates sobre Atenas. Ele deve seu conhecimento do estoicismo ao convívio com Diótodo[8], que passou trinta anos em sua casa e lhe ensinou a dialética. Foi durante sua viagem à Ásia Menor e à Grécia que teve oportunidade de ouvir, em Rodes, o estoico Posidônio e, em Atenas, o acadêmico Antíoco de Ascalon e o epicurista Zenão de Sídon.[9] O conhecimento da doutrina de Aristóteles, contudo, não veio de um ensinamento nem mesmo das obras que lemos atualmente: Cícero o recebeu pela mediação de Antíoco de Ascalon e pela leitura de diálogos hoje desaparecidos. É preciso, portanto, levar em conta essas condições

---

6. Atenas tinha sido condenada a pagar uma multa muito pesada por atacar a cidade de Oropos. Nas fontes antigas, de Cícero em diante, datam a difusão da filosofia em Roma a partir dessa embaixada (ver Aulo Gélio, *Noites áticas*, VI, 14; e Plutarco, *Vida de Catão, o Velho*, 22).
7. Fedro (c. 140-70 a.C.) dirigiu a escola epicurista em Roma.
8. Conhecemos esse estoico apenas pelo testemunho de Cícero, que menciona seu ensino da geometria e da dialética, tal qual Crisipo de Solis, o segundo fundador do estoicismo, o havia desenvolvido.
9. Zenão (150 a.C.-?) foi o mestre de Filodemo de Gadara, que conservou em seus escritos alguns dos debates de Zenão contra os estoicos (*Sobre a inferência dos signos*) e contra os epicuristas heterodoxos.

particulares da aprendizagem filosófica em Roma para avaliar a reflexão de Cícero sobre a história da filosofia.

Mas, ainda mais importante, o ensino da filosofia apresenta duas características notáveis: por um lado, ele é estruturado sobre a polêmica contra os adversários, sejam eles Antigos ou filósofos contemporâneos; por outro, porque as Escolas são amiúde desenraizadas ou privadas de escolarcas, não faltam oportunidades para se desenvolver interpretações da doutrina julgadas heterodoxas, como aconteceu com a escola epicurista e com a tradição acadêmica. Não obstante, esses desvios doutrinais suscitam tomadas de decisões significativas e com frequência conflituosas sobre a história da filosofia.

Nessas condições, a formação filosófica de Cícero, assim como a de seus contemporâneos, não poderia ser reduzida à aprendizagem sumária de algumas doutrinas fixas, e a diversidade das lições ouvidas não lhe forneceu apenas uma bagagem "doxográfica", permitindo a ele saber quem pensa o que sobre este ou aquele assunto: o que ele ouviu são especialmente as problemáticas e os debates contraditórios capazes de nutrir uma reflexão dialética e crítica, como recorda esse interlocutor do diálogo *Da natureza dos deuses*, ao qual Cícero empresta sua própria biografia intelectual:

> Quando eu estava em Atenas, frequentemente ouvia Zenão, que nosso amigo Fílon chamava de o corifeu dos epicuristas; era, aliás, Fílon quem me instigava a fazê-lo, para que eu pudesse, creio, julgar melhor o valor de suas refutações, depois de ter ouvido o chefe da Escola expor as teses epicuristas. (1, 59)

Os campos de investigação filosófica são, desse modo, delimitados por algumas discussões entre adversários a partir das quais se estabelecem as doutrinas e são reinterpretadas as tradições: toda a reflexão epistemológica é dominada pelo conflito que opõe os acadêmicos e os estoicos quanto ao critério que permite garantir a confiabilidade das representações; as questões de física e teologia, que contrapõem estoicos e epicuristas sobre a causalidade, o destino e a providência, baseiam-se no ensinamento desenvolvido por Platão no *Timeu*, mas também nas críticas que Aristóteles fez a ele. Por fim, a formulação das questões de ética é fortemente determinada pelas diferentes figuras do sábio que propõem os epicuristas e os estoicos, novas variações da injunção que Platão havia definido, "tornar-se semelhante a deus".

Todos esses debates têm por substrato as concepções da história da filosofia, raramente explicitadas, que, no entanto, têm consequências decisivas sobre a própria estruturação das questões tratadas: com efeito, admitir ou refutar tal filiação filosófica, assimilar ou, pelo contrário, contrapor tal formulação do debate a uma outra apresentada por um Antigo, tudo isso são práticas controversas da história da filosofia que forneceram o contexto no qual Cícero aprendeu a filosofia. Assim, quando ele se viu diante de interpretações divergentes que Fílon e Antíoco, respectivamente, transmitiram acerca da tradição platônica, Cícero claramente identificou o desafio essencial que constitui em um ordenamento da história da filosofia para quem quer definir e consolidar uma tradição.

Tanto para Fílon quanto para Antíoco, estabelecer a história do platonismo consiste em situar o papel e o lugar dessa escola de pensamento em relação às outras doutrinas: mas o primeiro radica a tradição no método da dúvida prática de Sócrates, renovada por Arcesilau e Carnéades, ao passo que o segundo faz toda a filosofia, inclusive os estoicos, depender das exposições doutrinais de Platão. Entretanto, Cícero não escolheu uma perspectiva histórica, nem a de Fílon, nem a de Antíoco. Consciente das controvérsias contidas nessas construções, ele as descreveu e as pôs à prova através do diálogo em suas *Academica*.[10] O "retorno a Platão", para Cícero, não é portanto uma inversão do curso da história ou a sujeição a uma "lealdade" filosófica: é antes a ocasião de refletir sobre o que é uma herança filosófica e constatar que a diversidade das interpretações autoriza a reler Platão livremente.

Ele se apresenta como o "defensor de uma causa deserta e abandonada", e não como o fiel continuador de um mestre desaparecido: em outras palavras, sua própria interpretação é inovadora e motivada pela necessidade de fazer ressurgir uma prática da filosofia que o epicurismo e o estoicismo ignoram. Ele privilegia, assim, dois tratados distintos para apresentar sua interpretação da tradição platônica: um método crítico que exige o exame de todas as doutrinas, uma confrontação de pontos de vista em um diálogo.

Pensar em sua língua: o conceito do probabile

A total coerência dessa interpretação da tradição platônica vem do conceito do *probabile* que Cícero elaborou tirando um excelente partido das potencialidades oferecidas pelo sistema lexical latino, a fim de definir as condições do conhecimento e da ação. Trata-se de uma elaboração própria de Cícero feita a partir da língua latina, e não

---

10. Esse diálogo é o testemunho mais detalhado que subsiste sobre os conflitos travados entre o último escolarca da Academia, Fílon, e seu discípulo dissidente, Antíoco; no entanto, o escrito remanescente traz apenas uma parte dos argumentos desenvolvidos. Sob o título de *Academica*, lemos na verdade o que restou de duas versões: um livro da primeira versão (que comportava dois livros), o *Lucullus*, ou *Academica priora*, e um livro da segunda versão, que comportava quatro livros, *Academica posteriora*. Nesses dois livros, é a posição de Antíoco que é longamente exposta e parcialmente refutada.

da transcrição do ensinamento de Fílon de Larissa que, engenhosamente, há quem se esforce em buscar nos textos de Cícero[11]: como veremos aqui, nenhum termo grego é capaz de abarcar os usos ciceronianos do *probabile*. No entanto, o termo é empregado no âmbito de um debate herdado dos gregos: nas *Academica*[12], Cícero recorda a querela entre Carnéades e os estoicos como uma oportunidade de conhecer mais precisamente a estratégia utilizada para fazer os estoicos admitirem que se pode viver e agir sem se dispor de um critério infalível que eles chamam de "representação compreensiva", que comporta a marca da verdade e se distingue portanto de uma representação falsa. Depois de mostrar que não existe tal representação que difira de uma falsa e possa dela ser distinguida, o acadêmico propõe que se confie no que é "persuasivo", *pithanon* em grego, e que Cícero apresenta como *probabile*. Desse modo, à primeira vista, trata-se da "tradução" do adjetivo grego *pithanon*, termo que as fontes gregas revelam, e principalmente Sexto Empírico[13], e que expõem os argumentos de Carnéades, já que este não deixou nada escrito. A equivalência entre *pithanon* e *probabile* já foi usada nos tratados de retórica de Cícero e de seus contemporâneos, como o autor anônimo da *Retórica a Herêncio*[14]: também se poderia considerar que

---

11. O pouco que sabemos do ensinamento de Fílon nos veio quase exclusivamente de Cícero, que não lhe atribui jamais a paternidade do *probabile* como o fazem os historiadores modernos da filosofia: ver os relatos reunidos por C. Brittain, *Philo of Larissa: The Last of the Academic Sceptics* (Oxford: Oxford University Press, 2001), pp. 345-370.
12. Ver, particularmente, 2, 32-39 e 2, 98-110.
13. Esse filósofo cético do século II d.C. expõe no livro VII de sua obra *Contra os professores* uma grande parte dos debates que opôs acadêmicos e estoicos sobre a possibilidade do conhecimento.
14. Esse tratado de retórica em quatro livros, durante muito tempo atribuído a Cícero, foi escrito em 86 a.C., ano em que Cícero concebeu *Da invenção*: essas duas obras são os primeiros textos escritos em latim sobre a retórica.

o adjetivo *pithanon*, fortemente marcado em grego por seus usos retóricos, é portanto corretamente enunciado por Cícero.

Resta a questão do significado: o latim não apenas faz desaparecer o elemento semântico essencial, a persuasão, em proveito dos valores da prova e da aprovação contidos no verbo *probare*, como o sentido ativo do grego *pithanon* (que persuade) é ocultado no adjetivo *probabile*, em que todos os empregos registrados são passivos ("que pode ser provado/aprovado"). Assim, na transferência de uma língua a outra, o ponto de vista muda radicalmente: o que uma representação ou um argumento pode ter de "persuasão" não é avaliado em termos da eficácia psicológica sobre a audiência (*pithanon*), mas em relação à sua disposição de receber a aprovação desta (*probabile*). Em outras palavras, o sujeito não recebe mais passivamente algo que o persuade, é ele que julga se uma coisa merece sua aprovação.

No entanto, longe de tentar corrigir a inadequação entre o grego e o latim, como o fará mais tarde Quintiliano usando o *persuasibile* (persuasivo), Cícero tira proveito de todas as consequências dessa mudança de ponto de vista: quando Carnéades, para refutar a doutrina estoica do conhecimento, diz que lhe basta conduzir sua vida de acordo com as representações "persuasivas", ele se coloca no lugar de seus adversários estoicos, que atribuem às próprias representações a capacidade de suscitar a ação. Sua tática consiste em reduzir ao "persuasivo" aquilo que os estoicos designam como verdadeiro e que tem a marca da verdade, a "representação compreensiva". Mas Cícero não se detém na posição adotada por Carnéades porque, nunca disse, contrariamente ao seu costume, que traduziu um termo grego: ele se recusa, portanto, a deixar passar o significado grego sob a palavra latina, a se fazer ouvir o "persuasivo" ou "convincente" nos usos do termo *probabile*.

Ele mantém, assim, todas as potencialidades registradas pelos usos latinos do verbo *probare*: "o que pode ser aprovado" é, quando não "potencialmente provado", ao menos "posto à prova e testado", como o fazem oficialmente os censores que dão sua aprovação a uma construção de edifícios públicos finalizada. Numa extremidade do espectro dos usos, a aprovação é laudatória e *probabile* significa digno de louvor; na outra, no contexto da técnica retórica, é a relação com a verossimilhança que prevalece, entendida como aquilo que se produz habitualmente e que, por isso, está de acordo com a opinião corrente.

Todos os usos ultrapassam e muito o âmbito da discussão contra os estoicos sobre a representação: escolhendo, contudo, utilizar o *probabile* nesse contexto específico, Cícero mostra que não se limita ao valor estritamente controverso do emprego do *pithanon* por Carnéades e, de imediato, confere um maior significado ético ao debate, pois privilegia o papel ativo do sujeito; este que dá sua aprovação não acreditando de forma passiva na força da persuasão das representações, as quais Cícero reconhece, como todos os acadêmicos, que não podem oferecer um critério confiável; ele inicia seu julgamento sabendo que não pode pretender aceder à verdade e tomar decisões, como um juiz ou um magistrado deve fazê-lo, apesar das limitações de suas competências humanas:

> Entre nós e aqueles que pensam que sabem, não há qualquer diferença, exceto esta: eles não duvidam de que aquilo que defendem é verdade, enquanto nós consideramos muitas coisas como "suscetíveis de receber nossa aprovação" (*probabilia*); é fácil segui-las, mas dificilmente podemos dizer que estão certas. E somos ainda mais livres e sem impedimentos, pois nossa faculdade de julgar permanece intacta, e nenhuma necessidade nos

obriga a defender o que foi escrito antes, como se fosse uma ordem imposta.[15]

O "probabilismo" de Cícero não é, portanto, um enfraquecimento da posição dos mestres da Nova Academia, nem a herança do ensinamento de Fílon de Larissa, pois o *probabile* permite algo bem diferente do *pithanon*. Graças aos empregos em curso do *probabile*, Cícero pode extrair todas as consequências da epistemologia acadêmica: não se pode conhecer nada porque nenhuma impressão recebida é confiável e nem contém em si um critério de verdade, todavia é preciso agir e, para tanto, ter como base somente as forças de seu julgamento. Do sujeito que recebe passivamente o que é *pithanon* àquele que se empenha ativamente em sua aprovação com *probabile*, a "transferência" de uma língua à outra cria um conceito abrangente que articula rigorosamente as condições éticas aos limites do conhecimento humano.

E para preservar a especificidade conceitual do *probabile*, evitarei aqui as traduções francesas que, subordinadas ao latim, traduzem do grego, como "convincente", ou aquelas que propõem equivalências, como "plausível" ou "provável", cujo significado antigo de algo "que merece aprovação" se perdeu em francês em prol de uma probabilidade bem pouco acentuada nos usos latinos.

A fecundidade do conceito, inclusive as implicações políticas e éticas que veremos nos capítulos seguintes, pode primeiro ser examinada na prática da discussão filosófica, tal como Cícero escolheu apresentá-la, privilegiando o diálogo.

---

15. Cícero, *Academica priora*, 2, 8.

A recriação do diálogo em Roma

Retomando a forma escolhida por Platão, Cícero não procura imitar, e se seus três primeiros diálogos[16] fazem referência à cenografia platônica, é sobretudo para evidenciar as modificações profundas que o debate construído por Cícero impõe ao pensamento de Platão. Ele também não finge transpor as condições do diálogo platônico, porque em Roma não se encontram nem Sócrates nem uma verdadeira situação de aprendizagem. Mas não se conclua que estamos lidando com uma versão degradada do modelo platônico, que se explicaria pela influência dos diálogos "à maneira de Aristóteles", dos quais não sabemos quase nada: interroguemo-nos, antes, sobre a insistência com a qual Cícero, de diversas formas, arraiga explicitamente seus próprios diálogos em uma tradição platônica.

Dessa maneira, ele deseja ressuscitar, nas *Discussões tusculanas*, o "velho método socrático", *vetus ratio socratica*, que consiste em refutar a tese proposta pelo ouvinte (*dicere contra*), mas, principalmente, quer restabelecer a prática que Carnéades teria utilizado durante a embaixada, desenvolvendo uma tese e a tese oposta — *in utramque partem dicere*: é o caso das *Academica*, dos diálogos *Dos termos extremos do bem e do mal*, *Da natureza dos deuses* e *Sobre a adivinhação*. Sem cogitar uma impossível maiêutica, uma vez que ele não é Sócrates, sem crer tampouco que o diálogo seja uma forma de aprendizagem da dialética no sentido que Platão o concebia, Cícero, não obstante, atribui tarefas específicas às discussões dialógicas.

A primeira é "permitir a cada um dar sua aprovação (*probare*) às ideias que estiverem mais bem fundamentadas

---

16. O diálogo *Do orador* se desenrola sob um plátano igual ao de *Fedro*; os diálogos sobre a república e sobre as leis são apresentados como formando um todo, exatamente como os dois diálogos platônicos que conhecemos sob os mesmos títulos (*Leg.*, 1, 15).

a receber essa aprovação", o que Cícero chama de *probabile*: essa é a razão pela qual a exposição contínua é sempre considerada preferível, visto que facilita o trabalho do julgamento.[17]

O diálogo assim concebido é a ferramenta de busca mais apropriada para atingir o que é acessível ao homem, apesar de e nas suas limitações:

> Aqueles que como eu seguem a Academia, colocando todos os assuntos em discussão, consideram que o *probabile* não pode manifestar-se sem a confrontação de teses opostas.[18]

Logo, a discussão dialógica admite as formas reguladas da refutação para impedir a arrogância daqueles que falam sobre o que não sabem; mas as refutações sucessivas não resultam em aporia, pois o objetivo do diálogo é levar ao *probabile*.

Essa orientação positiva do diálogo ciceroniano se explica pelos desafios políticos e éticos: os romanos que dialogam se interrogam para tomar decisões, e o *probabile* permite fazê-lo justamente no momento em que o "teste" das doutrinas não trouxe plena luz ao assunto abordado:

> Nós não somos aqueles que sustentam que nada é verdadeiro, mas dizemos que todas as verdades estão associadas a erros, e a semelhança entre elas é tão grande que nenhum critério permite julgar nem dar assentimento. Daí resulta também que muitas coisas podem receber a aprovação (*probabilia*): sem serem percebidas ou apreendidas com certeza, elas oferecem, no entanto,

---

17. Cícero, *Sobre o destino*, 1.
18. Cícero, *Dos deveres*, 2, 8.

uma representação que se caracteriza pela clareza, e permitem guiar a conduta do sábio.[19]

O diálogo assim orientado tem uma delimitação epistemológica específica: trata-se de examinar, longamente e de forma exaustiva, as doutrinas que apresentam uma característica sistemática — traço dominante dos filósofos helenísticos — para determinar, da melhor maneira possível, o *probabile*.

É preciso necessariamente compreender todos os sistemas quando se decide falar a favor ou contra todos os filósofos, a fim de descobrir a verdade.[20]

O método "platônico", tal como Cícero o entende na prática, exige uma investigação exaustiva e sistemática: a história da filosofia é, por isso, uma ferramenta fundamental. Mas a exploração de todas as doutrinas filosóficas satisfaz duas outras funções igualmente indispensáveis para o estabelecimento do método filosófico: de um lado, a diversidade das opiniões apresentadas pelos filósofos deve conhecer os limites com os quais deparam as pretensões de um saber que se deseja total, definitivo, anulando todos os demais; por outro, o interesse que suscita a maioria das hipóteses propostas por diferentes escolas filosóficas impede a obediência cega a um dogma, seja ele qual for.

Desse modo, explorar a história da filosofia permite criar, contra a tentação dos sistemas dogmáticos dominantes, um método crítico orientado de maneira positiva: em vez de se ater a um relativismo estreito, Cícero extrai

---

19. Cícero, *Da natureza dos deuses*, 1, 12.
20. Ibidem, 1, 11.

justamente dessas discordâncias a necessidade de retomar a investigação filosófica, partindo do zero.

É por isso que a "introdução do diálogo" — na medida em que permite expor e contestar as teses dos filósofos — facilita, num plano formal, o uso crítico da história da filosofia, condição necessária à liberdade de reflexão. A questão filosófica do diálogo é particularmente significativa em Roma porque Cícero inova ao utilizá-lo: os escritos filosóficos anteriores ou contemporâneos têm a forma do tratado[21] ou do poema didático, como o de Lucrécio, mas são, nos dois casos, dirigidos por um autor onisciente. Agora, através do diálogo, se abre um espaço de trocas e de debates que não havia até então sido explorado: Cícero é o primeiro em Roma a conferir uma dimensão coletiva à investigação filosófica, porque quer preservar as condições do debate contraditório no momento em que a ditadura de César ameaça a colegialidade das decisões, até então garantida pelas instituições republicanas.

Nesse contexto, a interpretação resolutamente política que Cícero dá à obra de Platão encontra sua expressão sob a forma do diálogo, que põe em cena os cidadãos, em sua maioria altos magistrados de Roma, assumindo as consequências políticas de suas escolhas filosóficas.

O conceito forjado por Cícero para nomear o objetivo visado pela investigação filosófica, *probabile*, concentra nele vários níveis da atividade do julgamento e da tomada de decisão — estas que operam no fórum — na análise jurídica e na aprovação oficial do censor: o conceito permite recordar ao mesmo tempo os limites humanos da busca e da possibilidade, dentro desses limites, de construir uma reflexão que se apoie sobre elementos passados pelo crivo

---

21. O primeiro tratado em língua latina é, sem dúvida, o de Catão, o Velho (234-149 a.C.), que escreveu sobre a agricultura e a economia das propriedades agrícolas.

do julgamento exercido coletivamente, num determinado espaço cívico. À medida que o diálogo ciceroniano molda uma nova forma de trocas filosóficas, doravante conduzida por interlocutores cujas competências retóricas e as altas qualificações políticas ilustram claramente as posições de Cícero sobre a filosofia, ela não pode permanecer nas mãos de especialistas de um velho jargão, à sombra das Escolas, seu lugar é no centro do fórum.

Essa concepção da filosofia pressupõe, de antemão, que o espaço público e político que representa o fórum foi investido de valores que se reluta em atribuir a ele nesses tempos conturbados do fim da República romana: liberdade e rigor crítico, domínio das formas da controvérsia, ampla cultura.

Se os fatos condenam Cícero, não se pode, todavia, subestimar o interesse de uma abordagem que tenta impor uma prática da filosofia que não esteja confinada às discussões eruditas no espaço privado do *otium*: repreendendo os epicuristas por sua recusa em participar da vida política e por seu desprezo pelas formas tradicionais da cultura, criticando os estoicos pela obscuridade de sua linguagem, pela ineficácia de sua argumentação e pela impropriedade de seus enunciados paradoxais, Cícero quer dar o exemplo, com seus diálogos, de uma literatura filosófica latina que seja legível e profícua mesmo àqueles que não partilham de suas ideias. É por isso que todos aqueles que, em seus diálogos, apresentam as doutrinas epicuristas e estoicas são, contrariamente a seus mestres gregos, comprometidos com a vida pública e dotados de competências retóricas explicitamente louváveis. Desse modo, a ficção do diálogo permite esboçar o que deve ser a filosofia em Roma, independente da doutrina que se privilegie.

O modelo invocado é Platão, e aqueles que, como Aristóteles, souberam pôr a serviço da filosofia as técnicas da eloquência:

Platão, os demais socráticos e todos os filósofos que fazem parte dessa linha são lidos por todos, mesmo por aqueles que não aprovam suas ideias ou aderem a elas com reserva; Epicuro e Metrodoro[22], no entanto, ninguém os tem em mãos, exceto seus adeptos. O mesmo se dá com esses livros latinos, que apenas os leem aqueles que pensam que eles exprimem ideias corretas. De minha parte, penso que qualquer que seja o assunto que se põe por escrito, deve ser digno de ser lido por todos os homens instruídos [...]. É por essa razão que sempre gostei da prática dos peripatéticos e dos acadêmicos, que consiste em expor em todos os assuntos as duas teses opostas[23]: e não somente porque não se pode, de outro modo, descobrir o que é verossímil, mas também porque é um exercício de oratória muito eficaz.[24]

Descrever um método filosófico e uma técnica de aprendizagem retórica como duas facetas de uma mesma prática, e explicar, desse modo, a legibilidade e a difusão das obras de Platão e de Aristóteles, poderia parecer inadmissível a mais de um leitor moderno: veremos no próximo capítulo qual programa filosófico contém essa perturbadora construção, mas podemos facilmente constatar o alcance dessa controvérsia. Escrever bem para ser lido por todos, e fazê-lo levando em consideração as doutrinas que ele mesmo não aprova, é fornecer a Roma uma nova forma à filosofia extraída dos Antigos, e sobretudo de Platão, em vez de combater as práticas dos Modernos.

---

22. Metrodoro de Lâmpsaco (331-278 a.C.) associou-se a Epicuro desde o início da escola epicurista. Restam apenas alguns fragmentos de suas obras.
23. Essa prática, que remonta a Protágoras, segundo Aristóteles (*Retórica*, II, 1402 a 24), exercida no Liceu e na Academia, é sempre relatada por Cícero.
24. Cícero, *Discussões tusculanas*, 2, 8-9.

Leituras e adaptações de Platão

— Nada é mais diferente de Platão do que o que tu acabas de dizer, e mais precisamente este exórdio consagrado aos deuses. Aos meus olhos, tu o imitas apenas em um aspecto, no estilo.
— É provável que seja isso que eu queira: mas quem pode ou poderá jamais imitar esse estilo? É muito fácil traduzir os pensamentos, e é o que eu faria se não quisesse expressar o meu próprio.[25]

O modo como Cícero leu Platão foi influenciado, inevitavelmente, pelos dois mestres que contribuíram para sua formação, primeiro Fílon de Larrisa e depois Antíoco de Ascalon: mas nada resta de seus escritos e ensinamentos, os quais conhecemos principalmente através de Cícero, que apresentou as divergências fundamentais deles sobre a epistemologia sem especificar sobre quais textos de Platão um e outro se basearam. Enquanto Antíoco está disposto a admitir a definição estoica da "representação compreensiva", pré-requisito necessário à constituição de um saber, Fílon sustenta o contrário, que a definição estoica torna impossível o conhecimento.

Em termos gerais, é a relação entre o ensino de Sócrates e a própria abordagem de Platão que se afigura como objeto de debates: Antíoco, cujas ideias são apresentadas por Varro nas *Academica*, parece ter distinguido, de maneira profunda, de um lado, a filosofia exclusivamente moral de Sócrates e sua profissão de ignorante, e de outro, a extensão dada por Platão ao campo coberto pela filosofia que encoraja seus sucessores a lê-lo dogmaticamente (*Academica*, 1, 16-18). No entanto, para a Nova Academia,

---

25. Cícero, *Das leis*, 2, 17.

ou seja, a partir de Arcesilau e até, inclusive, Fílon, os escritos de Platão são situados na tradição socrática, uma vez que não afirmam nada e desenvolvem, sucessivamente, uma tese e sua contrária (1, 46).

Não está claro se esses dois quadros de referência são para Cícero dois termos de uma alternativa: se ainda se mantém preso ao método socrático, ele nem sequer decidiu sobre os limites que convém ou não fixar à filosofia, e sua obra é tensionada entre, de um lado, a constatação de que o homem pode, da melhor forma possível, deliberar sobre algumas normas éticas e, de outro, a aspiração de situar a ação do homem e da história da cidade em relação aos princípios transcendentes, como a lei divina ou a virtude perfeita. Essa tensão é particularmente sensível através dos empréstimos pontuais que ele faz de Platão.

Entre as obras citadas ou utilizadas, *Apologia de Sócrates*, *Górgias*, *Fedro*, *Fédon*, *Críton*, *Mênon*, *Menêxeno*, *Protágoras*, *República*, *As leis* e *Timeu*[26], algumas fornecem um quadro de citações que revela vários níveis de leitura: é o caso da demonstração que visa provar que a alma é imortal através do argumento de que ela move a si mesma, apresentada por Sócrates no *Fedro* (245c-246a).

Cícero usa essa demonstração em dois contextos distintos: no "sonho de Cipião", relatado no livro 6 da *República*, a demonstração é dada por Cipião, o Africano, que aparece para o neto em sonho, ao passo que no primeiro livro das *Discussões tusculanas*[27], ela é explicitamente comunicada

---

26. Essa lista não contém as obras mencionadas ou utilizadas; é possível que Cícero tenha lido outras. Não há como saber então se essa lista é determinada pelas condições de circulação das obras à época de Cícero, pelas escolhas pessoais ou pelos mestres acadêmicos dos quais ele foi ouvinte.

27. No último livro da *República*, o ancestral revela o destino reservado àqueles que dirigiram o estado com sabedoria e dedicação: uma estadia eterna na Via Láctea.

a Sócrates. No entanto, Cícero, que a essa altura recorda que já utilizou essa demonstração na *República*, insta desse modo a refletir sobre seu uso de Platão: o que na *República* tem o estatuto ambíguo de uma revelação feita em sonho por um ancestral prestigioso é apresentado, nas *Discussões tusculanas*, como uma entre outras provas da imortalidade da alma, ao longo de uma exposição em que são consideradas, sucessivamente, a imortalidade e a mortalidade da alma.

Nesse sentido, Platão, como outros filósofos, pode fornecer argumentos para uma exposição que Cícero organiza seguindo um plano próprio, mas o texto platônico, no entanto, não é reduzido a um arsenal de provas, julgadas melhores que outras: Cícero não procurou em Platão os elementos de uma doutrina, ele manteve, na demonstração oriunda do segundo discurso de Sócrates, suas próprias ambivalências, não conferindo a elas, nos dois empregos que usa, um status idêntico. Isso mostra, a partir de um exemplo entre outros, quanto ele está preocupado em não transformar em dogma o que, na obra de Platão, é uma reflexão em movimento; mostra, principalmente, quanto suas leituras de Platão são fiéis à disposição de diálogos que mantêm até o fim um questionamento aberto.

> A autoridade daqueles que se colocam como mestres é quase sempre prejudicial aos que querem aprender: eles, de fato, não cessam de julgar por si mesmos, tomam como certo o que veem decidido por aquele em quem confiam.
> Na verdade, eu não aprovo a prática dos pitagóricos, os quais, dizem, quando afirmam alguma coisa em uma discussão e quando lhes perguntam o porquê, respondem: "O mestre o disse". O mestre era Pitágoras: tão grande era o poder de uma opinião que qualquer

autoridade demonstrada prevalecia, mesmo sem o apoio da razão.[28]

Uma vez que aprendeu de Platão a liberdade de caminhar apoiando-se em materiais muito diversos, Cícero nunca recorre a ele como uma autoridade; pelo contrário, sempre que organiza seus diálogos para promover a confrontação entre representantes de escolas filosóficas contemporâneas, ele deixa transparecer, sob as formulações contemporâneas dos debates, a riqueza e a coerência das problemáticas emprestadas de Platão, quer se trate do homem na cidade ou do homem no mundo, como veremos nos capítulos seguintes.

A onipresença "subjacente" de Platão é, em todo caso, o que confere unidade à obra de Cícero, desde os três diálogos políticos *Do orador*, *Da República* e *Das leis*, escritos entre 55 e 51, até o conjunto composto nos três últimos anos de sua vida, entre 45 e 43, cuja sucessão restitui claramente um percurso metódico. Desse modo, o leitor é convidado a não separar os debates sobre a epistemologia, a ética e a física de questões políticas e cosmológicas introduzidas nos primeiros diálogos.

Não se lerá, portanto, a sucessão que formam *Academica*, o diálogo *Dos termos extremos do bem e do mal*, as *Discussões tusculanas*, os diálogos *Da natureza dos deuses*, *Sobre a adivinhação*, *Sobre o destino* como um conjunto encerrado em si mesmo, mas como uma série de investigações motivadas pela primeira reflexão levada a cabo sobre a melhor forma de governar.

O papel fundamental dos diálogos *Da República* e *Das leis* na obra como um todo não pode ser comparado, contudo, àquele que cumprem os diálogos homônimos na elaboração do pensamento de Platão. Cícero, retomando

---

28. Cícero, *Da natureza dos deuses*, 1, 10.

os títulos dos diálogos de Platão, reconhece a primazia dos temas, mas procede seguindo outra abordagem. Ele parte, com efeito, dos dados fornecidos pela história romana, não da construção de uma cidade ideal, e tenta delimitar os parâmetros de ação para os homens definidos principalmente por seu enraizamento na história coletiva:

> Platão busca uma cidade cuja concretização deve ser almejada mas que não pode ser esperada; ele a faz tão pequena quanto possível, e não como poderia ser, mas como se pudesse nela perceber nitidamente sua teoria política. Eu, ao contrário, se pudesse todavia alcançá-la, me apoiaria sobre os mesmos princípios por ele formulados acerca não de uma cidade que é apenas uma sombra projetada, mas de um Estado bem desenvolvido [...].[29]

É por isso que Cícero não recorre aos princípios transcendentais que, na obra de Platão, são sempre evocados sob a forma do mito: assim, o "mito de Er"[30], pelo qual Platão apresenta a escatologia que arremata a *República* e fundamenta a reflexão sobre a justiça, não é equivalente ao diálogo homônimo de Cícero. O "sonho" é a mediação pela qual o ancestral, de acordo com as tradições romanas, transmite muito menos um saber que uma exortação ética a ser superada pela contemplação.

A perspectiva geral segundo a qual Cícero relê os mitos platônicos se delineia muito claramente no diálogo inacabado intitulado *Timeu*, que Cícero construiu com base numa parte importante da narrativa da cosmologia

---

29. Cícero, *Da República*, 2, 52.
30. No livro X da *República*, Platão faz Er, o Panfílio, "ressuscitado" após a morte, contar o que viu quando sua alma deixou o corpo: sua narrativa apresenta uma cosmologia e uma escatologia.

que faz Timeu no diálogo de Platão.[31] De acordo com o esboço que precede a tradução do texto de Platão por Cícero, compreende-se que a exposição platônica da cosmologia deve fornecer a matéria de uma discussão entre três interlocutores, mas nenhum deles representa uma interpretação estritamente platônica: entre um neopitagórico, um peripatético e Cícero, que se define na obra como aquele que fala "contra os físicos, à maneira de Carnéades", as leituras do mito de *Timeu* serão necessariamente plurais, contraditórias e não dogmáticas.

Cícero, desse modo, para refletir sobre as relações que o homem mantém com o mundo e com os deuses, não se baseia em alguns pontos que, na impossibilidade de serem certos, são ao menos logicamente desejáveis: recusando o uso dogmático que determinados sucessores de Platão puderam fazer do mito, transformado numa cosmologia positiva, ele considera, ao contrário, que a impossibilidade de um conhecimento indiscutível implica, por conseguinte, concentrar a reflexão sobre o homem, sobre suas capacidades cognitivas e sobre seu papel na ação, sobre a conformação de suas categorias de pensamento e sobre a ligação destas com as práticas, as crenças e as instituições da cidade.

Nesse ponto, ele restitui todo seu escopo metodológico à precaução preliminar que Timeu toma no início de sua narrativa (29c):

> Se, pois, Sócrates, em muitos pontos, sobre muitas questões relativas aos deuses e à gênese do universo, nós não chegamos a apresentar explicações em todos os aspectos totalmente concordantes com elas mesmas,

---

31. Desse diálogo inacabado, e sem dúvida iniciado paralelamente à escrita dos diálogos dedicados a questões de física, restam o começo da apresentação e a tradução de uma parte da narrativa feita por Timeu no diálogo de Platão (28a-47b).

> nem avançamos à máxima exatidão, não é de admirar; mas se, no entanto, fornecermos explicações *verossímeis* que não sucumbam a nenhuma outra, é forçoso que fiquemos satisfeitos, recordando que eu, que falo, e vós, que sois juízes, somos de natureza humana, de modo que se, nesses assuntos, nos ofereçam uma *história verossímil*, não é apropriado procurar nada mais além.[32]

A interpretação que Cícero faz dessa precaução é explicitada por sua escolha da tradução: com efeito, ele toma *eikos logos*, explicação verossímil, e *eikos muthos*, história verossímil, por *probabilia*, aquilo a que se pode dar sua aprovação. Assim, ele transforma o que em Platão exprime uma relação com a verdade, através do conceito de verossimilhança, em uma relação cognitiva que envolve ainda tanto aquele que dá sua aprovação quanto aquilo que merece sua aprovação.

O desafio dessa transformação pode ser avaliado na dissimetria que Cícero introduz no texto platônico; o discurso verossímil de Timeu é referido, com efeito, em Platão, à distinção ontológica estabelecida entre o mundo eterno e sua cópia, que se reflete sobre o plano dos discursos (29b-c):

> Os discursos que expressam o que é imutável e estável e transparente para o intelecto são imutáveis e inabaláveis; [...] aqueles que expressam, ao contrário, o que é feito à semelhança de objetos precedentes, mas que é apenas uma imagem, estes serão verossímeis à razão da verdade daqueles.

---

32. Platão, *Timeu*, tradução de L. Robin (*Oeuvres complètes*. Paris: Gallimard, 1950).

Na tradução dessa passagem, Cícero respeita a distinção entre a verdade (*veritas*) e a verossimilhança (*verisimile*), mas ao mesmo tempo as *probabilia* que se mantêm no discurso de Timeu não são situadas em relação a um dos dois níveis ontológicos. A liberdade tomada com o texto platônico deixa entrever o espaço em que se elabora o conceito do *probabile*: o objetivo que todo discurso que se refere à cópia pode reivindicar é — na melhor das hipóteses — a verossimilhança, enquanto o conteúdo é, no máximo, *probabile*. Essa distinção é claramente confirmada nos empregos que Cícero faz de *verisimile* em outros lugares: trata-se do objetivo visado, não do conteúdo do discurso (*Discussões tusculanas*, 1, 8; 2, 9; 4, 47; 5, 11). Assim, a verossimilhança que, em Platão, engloba o discurso e seu objeto, em Cícero, é neste sentido que se há de buscar: a relação com a verdade permanece no horizonte da reflexão, ela não é a condição.

Cícero introduz, então, um deslocamento que situa o discurso que o homem pode realizar em um novo espaço, inteiramente delimitado por seu próprio compromisso epistemológico:

> Não falarei como se eu fosse Apolo Pítio, cujas palavras são seguras e definitivas, mas como um homenzinho entre outros que procura encontrar, fazendo conjecturas, aquilo a que ele pode dar sua aprovação (*probabilia*).[33]

Cícero torna central sua interpretação sobre as capacidades cognitivas do homem através da economia da ontologia platônica: é por isso que a organização de seu corpus filosófico deixa em suspenso a questão formulada no início de seu diálogo *Da República*, que trata da

---

33. Cícero, *Discussões tusculanas*, 1, 17.

necessidade ou não de dominar com a física e a astronomia o conhecimento do universo para abordar a teoria política. Cícero não retoma o trajeto percorrido por Platão, que estabelece, em *Timeu*, a teoria proposta na *República*, conferindo, por meio da narrativa da gênese do mundo, o modelo ontológico em nome do qual se deve organizar a cidade. Tudo o que em sua obra corresponde à física, segundo a partição antiga do ensino filosófico em física, lógica e ética, é uma exploração crítica que refuta quaisquer aspectos da física estoica (como a teoria do destino e da adivinhação), e considera a física do mundo, da matéria e dos princípios somente através do estudo das representações que os homens fizeram do papel dos deuses no mundo.

Cícero, portanto, retomou a nova configuração dos estudos filosóficos dada por Sócrates, descrita nestes termos nas *Discussões tusculanas* (5, 10):

> Desde a filosofia antiga até Sócrates, que seguiu o curso de Arquelau, discípulo de Anaxágoras, números e movimentos, princípios da geração e da corrupção, eram tratados, sua aplicação era destinada a buscar a magnitude dos astros, suas distâncias, suas órbitas, e todos os fenômenos celestes eram estudados.
>
> Sócrates foi o primeiro que fez a filosofia descer do céu e a instalou nas cidades, e a introduziu também nas casas e a obrigou a se ocupar da vida, dos costumes, do bem e do mal.

Evocando a mudança radical trazida por Sócrates às delimitações "pré-socráticas", Cícero torna perceptível também o radicalismo de sua empreitada, que é antes de tudo dirigida contra os "físicos" de seu tempo, mas que pressupõe ainda uma grande liberdade em relação a Platão. Sem dúvida é preciso imputar essa leitura de Platão, em parte, aos mestres da Nova Academia, e talvez a Carnéades, que se associou a Sócrates — ao menos através do método de discussão — no texto das *Discussões tusculanas*. Mas, embora não se possa atribuir nenhuma doutrina positiva aos neoacadêmicos, as obras de Cícero permitem ver, nos diálogos com os representantes dos sistemas filosóficos dominantes, qual forma específica pôde tomar o projeto de Sócrates.

Vê-se agora como a perspectiva histórica da tradição platônica pôde consolidar a abordagem filosófica de Cícero. É por isso que ele submete os interlocutores estoicos e epicuristas de seus diálogos a questões que extrai mais das próprias tradições deles que da sua, a fim de incitá-los a se apropriar e a desenvolver o que lhes foi transmitido: o exame crítico das doutrinas, assim compreendido, deve possibilitar prosseguir livremente o caminho aberto pelos predecessores gregos.

Mas Cícero não se contenta em dar, através do exemplo de sua própria leitura de Platão, uma lição de liberdade a seus adversários dogmáticos. As novas interpretações que ele propõe de Platão e de Carnéades, impondo o *probabile* latino, se inscrevem em um projeto filosófico preciso: ele quer formular a questão das condições de possibilidade do conhecimento e da ação, superando os termos estabelecidos pelo debate entre estoicos e acadêmicos. Não se trata de chegar à suspensão do julgamento, alegando que o verdadeiro não pode ser distinguido do falso, mas de formular, em contrapartida, alguns princípios que regulam o exercício do julgamento: esses princípios são muitas das precauções metodológicas que lembram aos homens que as condições nas quais eles "põem à prova" e "dão sua aprovação" às coisas que julgam dignas são as únicas possíveis, tanto para o sábio quanto para o homem comum.

Mas essa limitação de Cícero delineia as razões de uma exigência ética que se impõe em todas as formas de exercício do julgamento, do tribunal à discussão filosófica:

é o comprometimento do sujeito que determina o momento — quando não se podem oferecer objetivamente certezas infalíveis — em que se constitui o *probabile*, sem que a aprovação potencial seja definitiva, uma vez que ela é sempre suscetível a um novo exame. Entretanto, pondo no centro do processo cognitivo a responsabilidade do homem, Cícero torna possível a unificação de todas as atividades humanas, que se encontram assim submetidas a uma avaliação ética: é nessa condição que o espaço político pode ser reinvestido pela exigência filosófica, como veremos no próximo capítulo.

II
A filosofia eloquente: esboço de filosofia política

O projeto filosófico de Cícero é um projeto político que se apresenta sobre dois planos: a filosofia dever ser uma prática instalada no espaço político e o homem que deve exercer a mais alta magistratura é o orador-filósofo. Esse projeto não é óbvio, já que ele pretende reunir três tipos de atividades que, na história da filosofia, assim como na história romana, não são concebíveis no mesmo nível: a arte oratória, a ciência política e a filosofia. No entanto, Cícero dispõe de uma ferramenta que lhe permite reconfigurar radicalmente as relações entre esses três campos da atividade humana: o conceito do *probabile* coloca no mesmo plano o que busca atingir o discurso do orador, aquilo em que se baseiam as decisões éticas e políticas e, de modo geral, aquilo que delimita as condições do exercício do julgamento e, dessa forma, da filosofia.

Assim sendo, mostrarei primeiro como o *probabile* permite conceber e definir o espaço onde o homem político-orador-filósofo tem sua plena legitimidade. Veremos, em seguida, que o conceito ciceroniano se apoia sobre a abordagem desenvolvida por Aristóteles em seus *Tópicos*[1], que

---

1. Nada permite afirmar que Cícero tenha lido os *Tópicos* de Aristóteles tal como o lemos; embora, em seus *Os tópicos*, Cícero procure explicar,

propõem uma análise unitária dos modos da argumentação, tanto para o tribunal quanto para a discussão filosófica. Nessa esteira, Cícero pode desqualificar as práticas dos filósofos contemporâneos: os estoicos, porque não separam a dialética da retórica, e apenas praticam a primeira; os epicuristas, porque não sabem utilizar a língua comum. Nenhum filósofo dessas escolas pode, portanto, exercer a mais alta magistratura, nem mesmo ser incluído entre seus concidadãos.

Tanto epicuristas quanto estoicos passaram a condenar a retórica, herdeiros passivos — e talvez até inconscientes — da tradição platônica: Cícero, ao contrário, é um leitor ativo e crítico, e o conceito do *probabile* lhe permite precisamente "deslocar" as questões herdadas da tradição platônica. Mas, sobretudo, ele reflete a partir de suas próprias tradições: insistindo no fato de que a filosofia surgiu, em Roma, no prolongamento da eloquência política, em cujo ponto culminante ela se constitui, Cícero recorda por isso mesmo que a ruptura iniciada por Platão entre a filosofia e a retórica política não tem nenhuma pertinência em Roma.

Longe de pensar em função das restrições provenientes da história grega da filosofia, Cícero vai buscar na história romana aquilo que pode conferir sua legitimidade à filosofia eloquente; desse modo, ele aplica um rigor metodológico exemplar à sua reflexão: fora de um contexto espaçotemporal específico, de uma cultura específica, é infundado se interrogar sobre as condições de possibilidade de uma prática.

---

dirigindo-se a seu amigo Trebácio, o que contêm os *Tópicos* de Aristóteles, sem dúvida, ele aprendeu os principais aspectos da reflexão conduzida por Aristóteles através de Diótodo ou de Antíoco, ou os leu em um diálogo hoje perdido.

O probabile, parâmetro e garantia do exercício da palavra

O *probabile* a que visa todo orador que deseja convencer não é uma "imprecisão", menos ainda uma ficção manipuladora: como vimos no capítulo anterior, o conceito refere-se tanto ao limite com o qual o homem deve se contentar em sua tentativa de conhecer quanto ao comprometimento do sujeito, nas limitações de suas capacidades cognitivas.

Nessas condições, o discurso do orador não é inferior ao do filósofo; por conseguinte, o filósofo não se rebaixa quando fala no espaço público.

Recordemos, com efeito, que Cícero, na passagem do *Timeu* supracitada, fez uma escolha de tradução radical: ele claramente apontou a direção para qual o homem pode lançar seu olhar: a verdade ou ao menos sua imagem, *verisimile*, e o conteúdo de seu discurso, *probabilia*. Nessa escolha se assinala nitidamente a recusa em fundamentar e avaliar o discurso em sua relação com a verdade, tarefa impossível: assim, Cícero nos livra dos debates repisados sobre o discurso enganoso ou impróprio a dizer a verdade para se colocar no terreno do compromisso ético.

Desse modo, mesmo o "sábio" referido nas *Academica* para responder às objeções dos estoicos cumprirá todas as funções (*officia*) e tomará decisões sem jamais poder se apoiar nos conhecimentos certos (2, 110): antes de embarcar, sem poder conhecer o desfecho de sua viagem, surgirá a ele, na melhor das hipóteses, o *probabile*, que o fará chegar são e salvo (2, 100). É, portanto, nos limites circunscritos por esse conceito que se tomam todas as decisões, que se realizam os discursos, mesmo quando eles abarcam a formação do mundo, como o do *Timeu*.

Mas o campo do discurso e da ação assim delimitado não é, contudo, uma zona intermediária entre o conhecido e o desconhecido, uma vez que o *probabile* não intervém como resposta aproximativa ou provisória ante o desconhecido: por isso não pode haver *probabile* em relação ao número par ou ímpar das estrelas (2, 110).

O conceito, em contrapartida, opera em todas as atividades: sem presumir a confiabilidade do sentido, os artistas observam, reproduzem, moldam e desenvolvem toda a sua arte no plano do *probabile*. Do mesmo modo, os juízes no tribunal devem relatar os fatos julgados não como "ocorreram", mas como lhes parecem ter ocorrido (2, 146). Tal como o artista que se compromete com a obra que ele mesmo criou, sem garantia nem certeza além das que lhe oferece o próprio ato de criar, o juiz profere um julgamento que não delibera sobre a realidade ou a verdade, mas sobre o que lhe parece suscetível de comprometê-lo com o julgar: o julgamento é efetivamente o ato de "pôr à prova".

Facilitando a unificação de todos os aspectos da atividade humana a partir do comprometimento do sujeito ético, o conceito ciceroniano cria um espaço no qual o discurso e a ação políticos se desenvolvem seguindo as mesmas modalidades que as decisões éticas e as discussões filosóficas. Não há, portanto, separação entre uma esfera teórica, onde se realizaria a "ciência" dos filósofos, e uma esfera prática, onde se fazem todos os pequenos acordos com as restrições impostas pelas realidades históricas e políticas: o exercício do julgamento se faz, tanto na filosofia quanto na política, nas mesmas condições perigosas, e o desenvolvimento do discurso obedece às mesmas regras.

Por isso Cícero pode elaborar uma "retórica" que, longe de ser uma "contrafação" da arte política segundo a fórmula do *Górgias* de Platão, é uma genuína formação do pensamento.

Para levar a cabo essa empreitada, Cícero retoma a perspectiva aberta, segundo ele, por Aristóteles no que se refere a *inventio*, ou seja, a busca e a produção de argumentos:

uma vez desenvolvido o tópico, que visa justamente a busca de argumentos, Aristóteles oferece os meios de pensar, já os estoicos, privilegiando a dialética, quando muito erigem algumas regras que, à força de controlar os recursos da argumentação, a empobrecem.

Ao tornar Aristóteles o mestre da *inventio*, Cícero revela como a primeira etapa da aprendizagem retórica é também a etapa indispensável da aprendizagem filosófica; então não é de admirar que ele recorde, em diversas ocasiões, que Aristóteles estimulava seus alunos a desenvolver o pensamento e o estilo através de um único exercício praticado no contexto da *inventio*, a exposição sucessiva de uma tese e de sua contrária, *in utramque partem*.[2] Que Cícero tenha transformado esse exercício da *inventio* em princípio de escritura na maior parte de seus diálogos, isso diz bastante sobre como a *inventio* assim concebida é altamente qualificada para formar a reflexão.

Os tópicos *contra a dialética*

> Em seu conjunto, o método rigoroso para aprender a discussão comporta duas partes: a invenção de argumentos e sua avaliação; numa e noutra, em minha opinião, Aristóteles se mantém em primeiro lugar.
> Os estoicos trabalharam a segunda parte: de fato, eles exploraram com cuidado os procedimentos do julgamento nessa ciência que chamam de dialética. Mas a técnica da invenção, que chamamos de tópico, que era não somente a mais eficiente na prática, mas sobretudo

---

2. *Do orador*, 3, 80; *Orator*, 46; *Dos termos extremos do bem e do mal*, 5, 10; *Discussões tusculanas*, 2, 9.

a primeira, se seguirmos a ordem que se apresenta naturalmente, eles abandonaram completamente.³

Uma vez que os princípios de produção e de regulação são os mesmos para todos os usos da palavra, Cícero pode tratar do discurso público e da conversa filosófica sem distinção, e assim investir a prosa filosófica de todas as funções da palavra: convencer, combater, analisar, buscar. Isso implica recusar a partição ratificada pelas práticas contemporâneas da filosofia, que diferenciam a dialética da retórica, e reservam à primeira a competência para estabelecer a terminologia filosófica, salvaguardando o uso correto e a validade lógica.

É por isso que Cícero retorna a Aristóteles, que, em seus *Tópicos*, fez uma análise unitária da argumentação na filosofia e na retórica judiciária a partir do silogismo; desse modo, no curto tratado que, em referência a Aristóteles, ele intitula *Os tópicos*, Cícero parte de práticas familiares aos romanos. É aí que se exerce a reflexão sobre a terminologia, que se examina a validade de um raciocínio, e é graças a esse trabalho rigoroso que a palavra explora e desenvolve o pensamento, persuade e pleiteia. No entanto, a análise dessas relações de implicação ou de contradição supõe o mesmo método para o jurista e para o filósofo: é por esse motivo que o estudo dos argumentos que Cícero empreende em seus *Os tópicos* é totalmente conduzido a partir de exemplos fornecidos pelo direito romano.

> Vem agora um "lugar" próprio dos dialéticos, derivado das consequências, dos antecedentes e dos contrários. [...] Conquanto se divida esse lugar em três partes, consequência, antecedente e contradição, ele tem uma forma

---

3. Cícero, *Os tópicos*, 6.

simples quando se trata de encontrar argumentos e uma forma tripla quando se trata de desenvolvê-los. Qual é, com efeito, a diferença, quando se admite que o dinheiro contado é devido à mulher, que é legatária de toda a prata, se se adota esta forma de argumento: "Se a moeda cunhada está incluída na prata, ela foi legada à mulher. Ora, a moeda está incluída na prata. Portanto, ela foi legada." Ou se se adota esta forma: "Se o dinheiro cunhado não foi legado, é porque o dinheiro cunhado não está incluído na prata. Ora, o dinheiro cunhado está incluído na prata. Portanto, ele foi legado", ou se se adota esta forma: "Não se pode admitir ao mesmo tempo que tudo o que é prata foi legado e que o dinheiro cunhado não foi legado. Ora, tudo o que é prata foi legado; portanto, o dinheiro cunhado foi legado."[4]

Assim, enquanto afirma a seu amigo jurista Trebácio se contentar em expor "o método descoberto por Aristóteles para encontrar argumentos", Cícero descreve as regras da argumentação, partindo de modos específicos pelos quais se dá a aprendizagem do raciocínio para todo romano formado no direito.

Cícero explora, desse modo, uma via abandonada pelos filósofos helenísticos, e a crítica que dirige ao epicurismo e ao estoicismo deve ser avaliada justamente em função da continuidade que ele quer manter entre as práticas da análise jurídica e as da análise filosófica.

Em nome dessa continuidade, que permite instalar a conversa filosófica no próprio espaço onde têm lugar as deliberações dos juristas romanos, Cícero critica, nos estoicos, as investigações lógicas que são capazes apenas de produzir uma dialética formal, sem fornecer os meios

---

4. Ibidem, 53.

para garantir o uso adequado do discurso político; nos epicuristas, ele denuncia a falsa pretensão de se basear no uso corrente da língua, em nome do qual se creem dispensados de dar definições. Nos dois sistemas, enfim, Cícero quer mostrar o fracasso de uma empreitada que busca estabelecer e regulamentar o uso adequado da língua sobre uma epistemologia infalível.

Para erradicar o sábio omisso

As críticas endereçadas aos estoicos devem ser compreendidas em função das expectativas, sobre o plano ético e político, que podem legitimamente dar origem a uma doutrina que postula um domínio perfeito do discurso, ao menos para o sábio: esse domínio resulta do controle que o sábio exerce sobre as representações e, portanto, de sua capacidade de julgar o verdadeiro e o falso. Assim, o que é respectivamente o objeto da lógica e da dialética segundo os estoicos é suficiente para garantir um uso rigoroso da linguagem, em todas as circunstâncias, porque a passagem da impressão sensorial ao enunciado verdadeiro é controlada por critérios infalíveis.

Ao mesmo tempo, não é útil se interrogar sobre o que torna o discurso convincente: privilegiando a dialética em relação à retórica — o punho fechado e não a mão aberta, de acordo com a imagem proposta por Zenão[5] —, os estoicos despojaram o sábio dos meios de convencer, com exceção de alguns homens a quem a verdade pode surgir em sua evidência. Por conseguinte, mesmo a virtude de Catão, cuja dialética é um componente, segundo a definição dos estoicos, não pode cumprir a função pedagógica

---

5. A imagem é referida por Cícero no diálogo *Dos termos extremos do bem e do mal*, 2, 17, e no *Orator*, 113.

que os estoicos, no entanto, lhe atribuíram: a concisão da expressão e o recurso abusivo das provas através de silogismos não favorecem a difusão de uma doutrina cujo valor Cícero é o primeiro a reconhecer, principalmente no plano ético. Os enunciados paradoxais, que proclamam que os valores reconhecidos pela comunidade não o são, dispensam os estoicos de uma reflexão metódica e construtiva sobre os usos comuns da língua: também eles acabam por sofrer o mesmo isolamento que seus "ancestrais", os cínicos, que se contentavam em praticar "a falsificação da moeda"[6], a crítica radical dos valores comunitários.

Diante de Catão[7], o representante da doutrina estoica no diálogo *Dos termos extremos do bem e do mal*, Cícero formula estas objeções:

> Toda essa matéria (a retórica), Zenão e seus sucessores a deixaram de lado, seja porque não foram capazes de tratá-la, seja porque se recusaram a fazê-lo. Cleantes e Crisipo[8] escreveram igualmente um tratado de retórica: se se deseja tornar-se omisso, outra coisa não se deveria ler. E tu vês bem como eles falam! Eles inventam palavras novas e abandonam as que usamos [...]. Tudo o que brevemente trataste, "apenas o sábio é rei, ditador, rico", tu o fizeste ao menos em um estilo harmonioso e polido. Mas os estoicos, que secura quando tratam da potência da virtude, que, segundo eles, é tão grande que basta para produzir a felicidade: com suas

---

6. Esse é o lema de Diógenes, o Cão; ver Diógenes Laércio, *Vidas e doutrinas dos filósofos ilustres*, VI.
7. Catão de Útica (95-46 a.C.), bisneto de Catão, o Censor, foi um feroz adversário de César. Seu suicídio em 46 fez dele uma figura da oposição republicana à tirania.
8. Cleantes de Assos (331-232 a.C.) sucedeu ao seu mestre Zenão na direção da escola estoica; Crisipo (280-207 a.C.), por sua vez, lhe sucederia e desenvolveria particularmente a lógica.

estreitas interrogações, eles ferem como um aguilhão, mas mesmo aqueles que lhes disseram sim não são absolutamente transformados, e vão-se embora tal como vieram.[9]

Ridicularizando as "estreitas interrogações" pelas quais os estoicos querem levar seu interlocutor a aceitar suas teses, Cícero contesta a maneira como os estoicos se apropriaram do método socrático através de questões sucessivas sem relacioná-lo a um projeto de persuasão filosófica: desse modo, sua dialética não é apenas empobrecida pela ausência de seu correspondente retórico, ela, sobretudo, não fornece meios confiáveis para alcançar a verdade.

Essa fraqueza é evidente no caso do "sorites", o raciocínio por acumulação que mostra, segundo os acadêmicos, que "a natureza não nos deu nenhum conhecimento confiável dos limites que nos permitiria definir até onde podemos ir em cada assunto: e não apenas no caso da 'pilha de trigo' (*sôros* em grego), de onde sorites deriva seu nome, mas também em qualquer assunto, se nos perguntam de maneira gradual se o homem é rico ou pobre, célebre ou desconhecido, se as coisas são em grande ou pequena quantidade [...] não sabemos em que ponto, na adição ou subtração, dar uma resposta segura".[10]

Em face desse tipo de armadilha, o estoico não tem outra estratégia senão o silêncio: o que lhe ensinou então a dialética, "ciência do verdadeiro e do falso", que se ele não pode se basear na percepção metodicamente controlada pelo critério da verdade, muito menos burlar formalmente o raciocínio falacioso? Se se trata de apenas definir, estabelecer as regras de argumentação, examinar se as proposições são verdadeiras ou falsas

---

9. Cícero, *Dos termos extremos do bem e do mal*, 4, 7.
10. Cícero, *Academica priora*, 2, 92.

e se as conclusões são logicamente válidas, os estoicos não trouxeram nada de novo à dialética de seus predecessores, como recorda Cícero a Catão (*Dos termos extremos*, 4, 9).

Mas a crítica vai mais além quando Cícero mostra que o abuso dos neologismos, assim como o uso arbitrário das palavras, mascaram uma impostura sobre um plano mais geral: os estoicos se esforçaram muito para designar com outras palavras o que antes deles Platão e Aristóteles já haviam elaborado (*Dos termos extremos*, 3, 10; *Da natureza dos deuses*, 1, 16).

Pode-se dizer que a acusação de plágio é um tema recorrente nas controvérsias entre filósofos antigos, e, além disso, não está claro se Cícero partilhou sem reservas as teses de Antíoco de Ascalon, segundo as quais os estoicos são apenas continuadores de Platão e de Aristóteles.

No entanto, ao retomar muitas vezes esse ponto, Cícero salienta uma dificuldade, de que o desafio filosófico é grande: quanto vale uma ciência como a dialética estoica, que pretende controlar as definições e que favorece, todavia, a proliferação de neologismos para designar conceitos que já têm um nome? Sobre qual relação nova aos significados, sobre qual fundamento epistemológico mais confiável os estoicos se apoiaram? É grande o risco de que eles tenham encerrado a dialética no funcionamento autárcico, sem manter os vínculos estreitos com a lógica, isto é, com a teoria do critério que se constitui a parte essencial dela: ora, essa teoria se apoia sobre as "prenoções", essas representações formadas naturalmente em cada homem e que são como que registradas na língua.[11] Bastaria então

---

11. Sobre a prenoção ou "prolepse", definida em Diógenes Laércio (*Vidas e doutrinas dos filósofos ilustres*, VII, 54) como "concepção natural dos universais", ver os textos reunidos e comentados por A. A. Long e D. Sedley, *Les Philosophes hellénistiques* (Paris: Flammarion, 2001), vol. 2, pp. 187-210.

retornar ao uso comum da língua para garantir com as "prenoções" a progressão metódica da análise que leva da representação ao conceito.

Há outro ponto em que Cícero sublinha o empobrecimento trazido pela dialética estoica à produção do discurso: para alcançar a plenitude do pensamento e do discurso, recorda Cícero a Catão, é preciso conhecer as regras da "invenção", ou seja, a busca de ideias e de "lugares", e as regras de sua exposição metódica. Mas os estoicos não estão nem um pouco interessados na invenção, que é, no entanto, o único meio de aprender a pensar por si mesmo, sem se sentir obrigado a repetir as lições consignadas em suas notas:

> Quem sabe onde se encontra cada argumento e por qual meio se lhe acede, poderá fazê-lo vir à tona, mesmo que inteiramente escondido, e ser sempre seu próprio mestre na discussão.[12]

Os estoicos, ao não procurarem completar os trabalhos de Aristóteles sobre o tópico, mesmo modificando-os, tiraram de seus discípulos a possibilidade de eles elaborarem, seguindo seu próprio caminho, uma reflexão pessoal. A dialética estoica acabou por se reduzir a um conjunto de regras formais para ladainhas dogmáticas.

Consequentemente, por não terem conseguido realizar o ambicioso programa que tinham definido para sua lógica, na qual incluíam a dialética e a retórica, os próprios estoicos contribuíram para tornar obscura uma doutrina que, por sua grandeza, destinava-se, contudo, a um papel político maior. Enquanto Cícero e Catão concordam na essência (*res*), a terminologia inventada pelos estoicos suscita o desacordo: não se poderia dizer mais claramente

---

12. Cícero, *Dos termos extremos do bem e do mal*, 4, 10.

sobre o fracasso filosófico e político da doutrina mais apta, no entanto, a formar o filósofo-magistrado. O suicídio de Catão, heroica e solitária resistência à tirania de César, deu aos contemporâneos de Cícero uma imagem impressionante.

Qual língua falam os epicuristas?

Quanto aos epicuristas, a reflexão crítica dá a impressão de ser radicalmente diferente, mas não é preciso confiar na aparente simplicidade do ponto de vista manifestado por Cícero: a retirada dos epicuristas para longe da agitação política, a recusa de se envolver no debate público para cultivar no espaço privado os prazeres da amizade são clichês que Cícero não hesita em evocar, às vezes por provocação, nos contextos explicitamente controversos em que o seu status de clichê se encontra tão claramente ressaltado. Não há nada comparável, em Roma, ao Jardim de Epicuro e todos os amigos epicuristas de Cícero envolvidos na vida pública: é por isso que os personagens dos diálogos de Cícero responsáveis por expor a doutrina epicurista ocupam, todos, cargos políticos importantes ou provêm das mais antigas famílias de Roma, cujo heroísmo permitiu manter e melhorar a *res publica*.

De resto, o cânone epicurista, nome dado à lógica, é impróprio para gerar a discussão: nenhum método para construir uma argumentação, nem definições, nem técnica da divisão e da partição, nada além do recurso ao julgamento dos significados e das prenoções, como recorda Cícero na introdução ao diálogo *Dos termos extremos do bem e do mal* (1, 22). Ele nos dá um exemplo ao questionar seu interlocutor epicurista Torquato sobre o significado da palavra "prazer", que este último não considera útil lhe dar uma definição. Por isso, Cícero começa por lembrar qual método de investigação convém seguir e evocar tanto para a definição jurídica do ponto a ser julgado quanto para a exigência formulada por Sócrates no *Fedro* (237b):

> Em toda investigação, o discurso que se conduz seguindo uma abordagem racional deve começar por exigir, como o fazem algumas fórmulas jurídicas dizendo "isso é o ponto a ser julgado", que aqueles que discutem concordem com o objeto da discussão. Essa exigência, que Platão formulou no *Fedro*, Epicuro aprovou-a e reconheceu que era necessário proceder assim em toda discussão.[13]

Apesar disso, no caso do prazer, que é, no entanto, o fundamento e o objetivo supremo aos quais Epicuro relaciona toda a ética, Cícero vai mostrar que, de um lado, Epicuro não procede de acordo com as regras que ele mesmo estabeleceu em sua *Carta a Heródoto*[14], e de outro, que o significado que ele dá à palavra não atesta nenhum uso da língua.

Ao retomar palavra por palavra o enunciado do cânone no qual Epicuro insta seu discípulo Heródoto a "apreender o que subjaz aos sons vocais [...] porque é preciso que, para cada som vocal, a noção primeira seja vista e não haja nenhuma necessidade de demonstração"[15], Cícero insiste no fato de que, em se tratando do conceito mais importante da ética, o método fundamental do qual depende o rigor do conjunto não é seguido:

---

13. Ibidem, 2, 3-4.
14. Essa carta é divulgada por Diógenes Laércio, *Vidas e doutrinas dos filósofos ilustres*, X, 35-83.
15. Ibidem, X, 37-38.

Epicuro, que sempre diz que é preciso aplicar-se a captar o significado que subjaz aos sons, às vezes não compreende o que é ouvido no som "prazer", ou seja, qual coisa está sob esse som.[16]

Essa coisa não é nada além da "noção primeira", que corresponde ao significado mais usual da palavra, pela qual não é necessário dar-se ao trabalho de definição. No entanto, observa Cícero, os epicuristas dizem que o prazer é a ausência de dor, quando para todos os homens é uma sensação agradável que provoca e irradia um tipo de contentamento. Se os epicuristas também aceitam o significado reconhecido por todos, e é este o caso, eles falham ao dar a mesma palavra a duas coisas diferentes (*Dos termos extremos*, 2, 9). E quando tentam estabelecer uma distinção entre o prazer estável e o prazer em movimento, que consiste em variações, o significado que dão à palavra "variação" não é claro (*Dos termos extremos*, 2, 10).

Assim, Cícero pode concluir que "Epicuro é culpado por falar de um modo que não o possamos compreender". Contudo, essa obscuridade não é voluntária, como o faz intencionalmente Heráclito, nem mesmo ligada à dificuldade do assunto, como é o caso do *Timeu* de Platão: ao contrário, embora se trate de um assunto acessível, "não somos nós que não compreendemos o significado da palavra, mas é Epicuro que fala de um modo que lhe é próprio sem levar em conta o nosso" (*Dos termos extremos*, 2, 15).

Através da crítica dirigida a Epicuro, o sábio que se excluiu da cidade por não falar a linguagem comum, Cícero sugere quais são as causas do fracasso de uma doutrina fundada, todavia, sobre a exigência da clareza: sem discussões sobre a língua, sem um trabalho realizado

---

16. Cícero, *Dos termos extremos do bem e do mal*, 2, 6.

conjuntamente sobre as definições e sem aceitar as regras comuns no uso da língua, os epicuristas não podem pretender falar claramente a todos. Logo, eles não têm os meios para substituir a retórica política, que eles condenam, por um discurso cujo significado inequívoco seria acessível a todos: é muito possível que seja visado aqui o epicurista contemporâneo Filodemo, que, em sua *Retórica*, se limitou a um tratado sobre a clareza sem se aperceber de que a clareza não surge sem o trabalho de "revelação" que possibilita a definição.

Uma vez que os filósofos contemporâneos dominantes recusam ou se esquivam da questão central da fala pública, Cícero, então, escreve em seu diálogo *Do orador* um verdadeiro manifesto em favor da eloquência política. Resta-me mostrar que esse manifesto, o primeiro diálogo que Cícero compôs, já é motivo para a unificação que vai, pouco a pouco, conceitualizar o *probabile*.

Contra a técnica, pela cultura

Com o objetivo explícito de procurar definir o que é um orador ideal, os principais interlocutores do diálogo *Do orador*, os dois grandes oradores Crasso e Antônio[17], elaboram em conjunto um verdadeiro "antimanual" de retórica, que procede da recusa de chamar "técnica" (*ars*) o que pretendem ensinar os manuais. Para Crasso, a importância dessa recusa se explica pelo projeto que ele defende: reconquistar para o orador político todo o campo de conhecimentos que os filósofos se arrogaram. Para

---

17. Crasso (140-90 a.C.) e Antônio (143-87 a.C.) foram os principais oradores de seu tempo, de acordo com Cícero, que se formou com eles e que lhes confere em seu diálogo *Do orador* as qualidades do orador político ideal.

Antônio, que pretende se limitar à prática, é infundado dar o nome de *ars* a um talento que não se pode transmitir. Sob a aparente oposição entre esses dois interlocutores, um fazendo da eloquência a disciplina soberana que engloba todas as outras, e o outro a reduzindo a uma prática, Cícero apresenta os dois polos entre os quais a reflexão sobre o que deve constituir a competência do orador se efetuará: de um lado, a ciência dos filósofos, do outro, a prática. Entre esses dois polos, nenhum espaço é concedido para uma discussão sobre as técnicas retóricas, como as que se encontram na *Retórica* de Filodemo.

Cícero, portanto, não leva em conta tudo o que a filosofia helenística pôde oferecer à reflexão empreendida a partir de Platão sobre a técnica: longe de procurar legitimar uma forma de competência técnica, trata-se, ao contrário, de refletir sobre o modo como podemos articular a ciência — e principalmente a ciência política — com a eloquência.

Por isso, o que poderia constituir a matéria de um manual de retórica é completamente reorientado por Antônio e Crasso, concordando no essencial: somente o pensamento faz nascer a expressão, cujos "ornamentos" vêm do próprio sujeito (2, 146). Consequentemente, não se pode escrever sobre o estilo e a ornamentação sem antes ter refletido sobre o que produz o desenvolvimento do pensamento: é preciso, portanto, recusar a separação estabelecida pelos técnicos da retórica, como Hermágoras[18], entre as "questões particulares", que ele reserva ao orador, e as "questões gerais", de competência exclusiva do filósofo. Só as "questões gerais" permitem analisar e, portanto, expor com amplitude e precisão um caso particular. No entanto, os mestres da retórica são incapazes

---

18. Hermágoras de Temnos (século II a.C.), professor de retórica, teve uma grande influência na elaboração da técnica retórica: conhece-se uma parte de sua doutrina graças a Cícero e Quintiliano.

de ensinar o que, para além das pessoas envolvidas e dos atos cometidos, revela uma verdadeira filosofia do direito, como no exemplo abaixo:

> Trata-se de uma questão geral, que não é limitada: deve-se considerar que é necessário aplicar uma pena a um homem que matou um cidadão, seguindo um *senatus consultum*, a fim de salvar a pátria, quando o homicídio é proibido pelas leis? [19]

Crasso e Antônio reconhecem, portanto, que todos os métodos da argumentação, seja ao falar na tribuna, seja ao conduzir uma discussão filosófica, provêm da mesma fonte, dos mesmos "lugares": nisso, como recorda um de seus ouvintes, eles seguem os passos de Aristóteles, que "definiu alguns lugares a partir dos quais se pode encontrar todos os métodos de argumentação que valem não somente para a discussão filosófica, mas para o discurso judiciário" (2, 152).

Assim, na ficção do diálogo, os dois romanos "reencontram" Aristóteles, que Cícero, por sua vez, fará aparecer novamente em uma de suas últimas obras, *Os tópicos*: já vimos nas páginas anteriores quanto o tópico aristotélico — ou a interpretação que Cícero lhe deu — desempenhou um papel essencial na elaboração do pensamento de Cícero; verifica-se aqui que Aristóteles valida "posteriormente" o discurso dos romanos: a filosofia permite, então, organizar e hierarquizar os diferentes níveis da experiência. Logo, a formação que Crasso e Antônio receberam segue uma cronologia na qual a prática do fórum, de onde se adquire o conhecimento das leis e das instituições romanas, *precede* o ensino vindo dos gregos. É essa formação, portanto, que

---

19. Cícero, *Do orador*, 2, 134.

dá sua legitimidade à reunificação de todas as questões e, com elas, de todos os usos da palavra.

Esse esquema de biografia intelectual, utilizado por Cipião no diálogo *Da República* (3, 4-6), tende a reproduzir, no plano humano, a construção histórica pela qual Cícero quer enfatizar a anterioridade em Roma da eloquência política e judiciária em relação à filosofia. Esta última, seguindo a imagem usada nas *Discussões tusculanas* (2, 5), longe de dever seu nascimento à ruptura com a eloquência, lhe sucede "naturalmente":

> O reconhecido prestígio da eloquência, depois de uma origem humilde, alcançou seu apogeu de tal maneira que, como ocorre naturalmente com quase todas as coisas, enfraquece e parece ir em direção ao nada, enquanto surge, nas mesmas circunstâncias em que vivemos, a filosofia de língua latina.

Contra Platão?

A história do advento da filosofia de língua latina, assim descrita, explica o deslocamento significativo que Cícero submete ao debate que Platão deu início sobre o valor dos discursos e das condições de difusão da palavra filosófica. A encenação do diálogo ciceroniano acontece à sombra de um plátano explicitamente comparado àquele sob o qual Sócrates conduz as discussões do *Fedro*, mas os interlocutores não procuram o lado exclusivo da filosofia, e contra Lísias ou Isócrates[20] romanos, e como fundar e

---

20. Lísias (c. 459-380 a.C.) ensinou retórica e foi "logográfico", redigindo para outros os discursos que deviam pronunciar sem ajuda de um advogado. Considerado como um modelo de prosa ática para os Antigos, ele aparece no *Fedro* de Platão como autor de um estilo de discurso paradoxal sobre o amor. Isócrates (436-338 a.C.), que talvez tenha sido

legitimar a eloquência através de um conjunto de conhecimentos razoáveis.

Ao contrário, partindo da história da eloquência, ilustrada pelos grandes políticos do século anterior, Crasso e Antônio esboçam um retrato do orador como homem político e sábio que antecipa a figura de Cipião, interlocutor principal do diálogo *Da República*. Assim, as fortes críticas que Sócrates dirige aos sofistas no *Górgias* são muitas vezes condenadas por suas consequências desastrosas: desqualificando as pretensões dos sofistas de ensinar, com a eloquência, um conjunto de conhecimentos éticos e políticos, Platão aprisionou o orador "como um escravo girando a mó" nos tribunais e em suas pequenas arengas.

O ensinamento dos sofistas podia conter um risco para o bom funcionamento da palavra política, e isso especialmente quando se adota a concepção platônica da cidade, mas não há nada equivalente no mundo romano: não é possível comparar os sofistas com esses "pequenos gregos" que vieram ensinar as técnicas retóricas, menos ainda com esses reitores latinos, aos quais Crasso ordenou fechar as escolas justamente no ano em que Cícero escolheu situar a ficção do diálogo *Do orador*. De modo nenhum eles podem constituir uma ameaça séria quando as instituições romanas restringem a uma elite o acesso à palavra, quando o que garante a *res publica* é bastante forte ainda para alimentar uma confiança razoável num uso moral e politicamente controlado da palavra.

É por isso que Cícero pode retomar, partindo do zero, e sobre bases históricas radicalmente diferentes, a questão formulada por Platão: existe em Roma uma tradição de regulação da palavra pública que merece ser levada em

---

aluno do sofista Górgias, fundou uma escola de retórica e escreveu discursos políticos nunca pronunciados, modelos de eloquência pomposa.

conta por quem deseja colocar a sabedoria eloquente no centro da *res publica*.

Pode-se avaliar o radicalismo da abordagem de Cícero a partir do papel, sem exemplo ou precedente conhecido, que ele atribui a Sócrates: este rompeu a antiga unidade do homem ao separar a língua e o órgão de inteligência que Cícero, recorrendo a um termo arcaico, chama de *cor*. A mudança profunda cuja causa é atribuída a Sócrates é assim apresentada por Crasso:

> No tempo em que uma mesma sabedoria (*sapientia*) ensinava a pensar, a agir e a falar, como bem ilustrado tanto na condução das questões públicas, como Temístocles ou Péricles[21], quanto no ensino dessa sabedoria, como Górgias ou Isócrates, encontravam-se aqueles que, afastando-se da vida pública, desprezavam a arte da palavra, que, contudo, possuíam no mais elevado grau: o líder desse grupo era Sócrates, que "arrancava o nome de filósofos", comum a todos aqueles que se ocupavam em definir e ensinar o que tinha um único nome, e apontava para "o conhecimento e a prática de noções mais elevadas". Assim, Sócrates "separava, em suas discussões, a ciência que tem por objeto o pensamento direto daquela que trata do estilo, apesar das ligações fundamentais que as uniam. É daí que surgiu esse divórcio, por assim dizer, entre a língua e o coração, completamente absurdo, inútil e condenável, de modo que, por isso, temos mestres diferentes para nos ensinar a exercer nosso julgamento e para nos ensinar a falar".[22]

---

21. Temístocles (524-459 a.C.), que comandou as tropas gregas contra a invasão dos persas, e Péricles (495-429 a.C.), que liderou Atenas na Guerra do Peloponeso, são dois modelos de magistrado-orador da Atenas clássica.
22. Cícero, *Do orador*, 3, 59-61.

Carregando nas tintas, a separação assim apresentada entre a aprendizagem da expressão e a do pensamento reflete a ruptura fundadora que, segundo Platão, permitiu o advento da filosofia. Mas a partir do conflito fundador, graças ao qual se deu, em Platão, a reorganização do saber e do político, os herdeiros de Sócrates — isto é, todos os filósofos, para Cícero — tiveram que repensar por sua própria conta as relações entre a filosofia e seus modos de expressão. Aristóteles, que fez seus discípulos estudarem a eloquência — Teofrasto, seu sucessor, o neoacadêmico Carnéades, depois Fílon de Larissa —, todos brilharam na eloquência. Em contrapartida, os epicuristas e os estoicos mantiveram o desprezo da palavra e da vida públicas, o que os condenou ao isolamento.

As duas escolas "vivas" da filosofia helenística são, portanto, apenas herdeiras passivas da posição socrática, embora os peripatéticos e os neoacadêmicos, herdeiros incontestáveis de Sócrates, tenham conseguido superar o conflito fundador: Cícero mostra ainda, mais uma vez, quanto uma história crítica e ativa da filosofia é necessária para quem quer refletir no presente.

O presente da *res publica* requer mais que um retorno à história grega, porque esse presente foi moldado por uma história totalmente diferente. No entanto, a história de Roma ensina que, nos dois séculos que precederam ao de Cícero, os homens demonstraram a unicidade do homem antigo: Fabrício, Catão, Cipião[23] não sofreram as consequências da ruptura socrática, e a história da sabedoria eloquente se desenvolve sem as clivagens que marcaram a filosofia grega. É por isso que Cícero pode

---

23. Fabrício (século III a.C.) é, como Catão (234-149 a.C.) no século seguinte, o tipo de homem de Estado íntegro e intransigente. Quanto a Cipião (185-129 a.C.), o principal interlocutor do diálogo *Da República*, ele encarna o ideal do magistrado, cuja cultura faz um orador e um estadista completos.

evocar, à sombra do *Fedro*, outro advento da filosofia, de uma filosofia necessária e historicamente política.

Falta avaliar a pertinência filosófica desse recurso à história, quando se deve dar sua plena legitimidade à figura do orador-filósofo-magistrado. O passado de Roma não fornece um modelo, mas permite refletir sobre as condições de possibilidade da sabedoria eloquente: nesse sentido, o passado oferece menos exemplos a seguir e não estabelece limites. Ao lado de alguns retratos de homens que souberam defender a liberdade ou conduzir sabiamente as questões, Cícero evoca também todas as ocasiões em que a palavra pública foi o instrumento favorito da demagogia, da duplicidade e das manipulações: essas são as lições da história que tornaram o devaneio nostálgico impossível e lembram, ao contrário, o que são os homens que praticam a eloquência, sábio ou louco. A história ensina a refletir a partir de condutas humanas e de modalidades do comprometimento do sujeito: pode-se pretender garantir se não a racionalidade do sujeito, ao menos recorrer aos mitos que falam dos vínculos da alma com o conhecimento, como o fez Platão no *Fedro*.

Longe dos mitos, a história mantém a reflexão no nível do que é acessível ao homem: nesse sentido, ela opera no campo conceitual do *probabile*, e o uso que Cícero faz dela decorre com todo rigor dessa elaboração conceitual.

Desse modo, ao longo da história, encontram-se alguns esboços do orador-filósofo-magistrado: vê-se quanto a palavra, constitutiva do homem, é precisamente o que congrega os homens entre si, formando o primeiro vínculo político. Vê-se também como a eloquência do sábio magistrado, porque aposta na razão na língua e se dirige à razão, é capaz de manter e de reforçar o primeiro vínculo político. Mas o magistrado romano não é um mestre: sua palavra vale na troca, no debate contraditório. É preciso assumir até o fim o risco inerente ao desenvolvimento da palavra no espaço político, porque a palavra é a ferramenta e a condição da liberdade do homem: as *Filípicas* pronunciadas contra Marco Antônio, que levaram Cícero à morte, são o último exemplo antes da destruição sob o Império da palavra política.

Se as circunstâncias iluminam fortemente a "defesa e a demonstração" da eloquência política escrita no diálogo *Do orador*, elas não as reduzem, no entanto, a uma tomada de posição puramente política. Pois essa defesa tem por base uma reflexão sobre o uso da palavra que se elabora extraindo todas as consequências do projeto empreendido por Aristóteles nos seus *Tópicos*. A partir deles, Cícero pode mostrar que as análises dos juristas romanos fornecem o exemplo de um trabalho sobre a língua que permite ao pensamento se desenvolver com todo rigor; é o que não souberam fazer os filósofos "de carreira", encerrados na cidadela dialética ou na ilusão da transparência da língua. Por falta de confiança no uso metódico da língua e no poder de explicitação que ela possui, esses filósofos silenciaram suas armas.

Cícero, ao contrário, pôde conservar até o fim sua confiança nas regras do intercâmbio verbal, pois o conceito do *probabile* fornece os meios de pensar diferente; e se manteve longe da desconfiança platônica admitida sem análise, verdadeiro preconceito filosófico. No campo do *probabile*, o exercício perigoso da palavra política não comporta nem mais nem menos garantias que o exercício do julgamento ou a tomada de decisão: o homem se envolve nele assumindo os riscos que possam vir, tal é o "dever do homem" (*munus humanum*), essa verdadeira "magistratura" (*munus*), que ele deve assumir durante toda a vida, nas condições que agora é preciso esclarecer.

III
O "dever do homem"

A unificação conceitual realizada com o *probabile* torna possível uma ética genuína cujos mais altos valores são mantidos no compromisso político: isso não significa, no entanto, que o homem não se interroga sobre o lugar que ocupa no mundo, um mundo que ele aspira por conhecer, mesmo sabendo que esse conhecimento está fora de seu alcance. A tensão entre, de um lado, a impossibilidade de conhecer e, de outro, a necessidade ética de se comprometer como sujeito, não conduz, entretanto, a uma dilaceração: o conceito do *probabile* confere uma dinâmica a essa tensão, possibilitando articular a ação na cidade dos homens com a contemplação do mundo. Isso é, sem dúvida, a consequência mais fecunda, no plano ético, do deslocamento que o *probabile* causa à antologia platônica.

Essa tensão positiva se materializa, nas obras de Cícero que mencionarei aqui, quando a reflexão política é elaborada mantendo à distância a cosmologia para privilegiar o papel dos homens na configuração do espaço político. A tensão se acentua também em outro plano, quando Cícero recusa as consequências de uma física sistemática com ecos de "religião cósmica", mas multiplica os exercícios de admiração por um mundo que suspeita da possibilidade do divino.

As lições políticas do Sonho de Cipião

Os homens foram concebidos para obedecer a esta lei: zelar por esse globo [...] que se chama Terra. Eles têm recebido sua alma dessas fogueiras eternas que vós nomeais constelações e estrelas, que, de formas perfeitamente esféricas e movidas por uma inteligência divina, realizam com uma rapidez admirável sua órbita. É por isso que vós, Públio, vós e todos os homens respeitadores dessa lei, deveis reter vossa alma na prisão do corpo e não deixardes a vida sem terdes recebido a ordem daquele que vos deu essa alma: senão vós teríeis o ar de terdes fugido ao "dever do homem" (*munus humanum*) que a divindade vos designou.[1]

O *Sonho de Cipião*, cuja posteridade foi assegurada pelo comentário bastante minucioso que fez dele o neoplatônico Macróbio[2], representou durante muito tempo o ponto culminante e a forma mais bem-acabada da reflexão política de Cícero: o restante do diálogo *Da República*, oriundo de um palimpsesto do início do século XIX, o diálogo *Das leis* e o tratado *Dos deveres*, testamento ético-político que Cícero dirigiu a seu filho, não oferecem, com efeito, o mesmo grau de legibilidade.

No *Sonho*, Cipião aprende de seu ancestral qual destino está reservado àqueles que preservaram e melhoraram a *res publica*: uma vida eterna na Via Láctea. O retorno às estrelas, de onde vem a alma dos homens, é evocado mediante

---

1. Cícero, *Sonho de Cipião*, 15 = *Da República*, 6, 15.
2. Ambrósio Teodósio Macróbio escreveu, no século V d.C., um comentário ao *Sonho de Cipião* alimentado pelo neoplatônico Plotino (234-269 d.C.) e pelo comentário ao *Timeu* feito por Porfírio (234-305 d.C.), discípulo de Plotino. Os manuscritos do comentário incluem o texto do *Sonho*, cuja sobrevivência foi assim assegurada.

uma descrição do movimento dos planetas, seguida da explicação referente à música das esferas que Cipião ouve: tudo aparentemente envolve o leitor numa cosmologia positiva cujas ressonâncias pitagóricas e platônicas sugerem que estamos lidando com um discurso dogmático sobre a natureza do homem, seu lugar no mundo e a hierarquia dos valores a que se deve respeitar.

A tentação de uma leitura dogmática também se origina de armadilhas que veem a história retroativamente: menos de trinta anos depois da redação do *Sonho*, a celebração de virtudes políticas do Imperador, que lhe asseguraram a divindade póstuma, constituirá a base e o programa ideológicos do Principado. O governo dos homens, validado então pela sua conformidade com o belo ordenamento do cosmos e pela antiga analogia entre o microcosmo e o macrocosmo, reavivada pela influência dos estoicos, tem usos políticos novos.

Sem esquecer, no entanto, que, na injunção formulada pelo ancestral a seu neto, o essencial é cumprir sua função de homem e recusar a fuga do mundo dos homens. Contudo, a lei estipulada ao homem, que faz de seu compromisso político o mais alto valor ético, parece-me confirmar tudo o que a conceitualização do *probabile* fará surgir progressivamente nos diálogos seguintes: o homem alcança sua perfeita realização no (e apesar do) provisório, precário, incontestável, esse mundo exíguo, mortal, em que os atos dos homens se apagam tão facilmente da memória dos homens.

> Ao verdadeiro brilho, é a própria virtude que deve vos elevar até ele, usando vossos próprios atrativos. O que os outros possam dizer de vós, é com eles; eles falarão de qualquer maneira. Mas todas essas palavras serão reduzidas à estreiteza das regiões que estais vendo, elas jamais prevalecerão sobre o que quer que seja: a morte

dos homens as sepultará e as extinguirá no esquecimento da posteridade.³

Assim, ver do alto o mundo dos homens permite dizer que a virtude política não é apreciada em função do julgamento dos homens: ela estabelece a si mesma, em uma plena autonomia de julgamento, as normas de sua ação. Contemplar o mundo significa, para o homem, aprender que ele é livre.

Portanto, é extraindo da contemplação o princípio de sua liberdade de ação que o homem pode pretender alcançar algo como esse poder divino que o latim exprime por *numen*, o poder de aquiescer:

> Em nenhuma outra atividade a excelência humana se aproxima tanto do poder dos deuses (*numen*) que na fundação de novas cidades ou na conservação das que já estão fundadas.⁴

Nessa esteira, mostrarei aqui como a reflexão sobre a política é elaborada num campo distinto daquele que delimita uma cosmologia totalizante, incumbida de dizer a origem da cidade e de estabelecer nela as leis, como propõem o *Timeu* e *As leis* de Platão, e depois a *República*. Pode-se, é verdade, na linha de interpretação aberta por Macróbio, buscar na exposição do ancestral de Cipião os elementos de uma ciência astronômica: mas Cícero lhe faz dizer principalmente *mirabilia*, objetos de admiração maravilhosos os quais os "gregos", segundo a fórmula muito imprecisa do ancestral, nomearam. Não é de admirar se se der à narrativa do sonho o mesmo status que Cícero deu à de Timeu, *probabile* e não *verisimile*: o que supera minha

---

3. Cícero, *Sonho de Cipião*, 25.
4. Cícero, *Da República*, 1, 12.

capacidade de conhecer, algo a que não posso dar um status ontológico, me oferece, no entanto, matéria para a reflexão e para o comprometimento. Espantar-se, admirar, "pôr à prova", dar sua aprovação, tantas abordagens possíveis do mundo se desenvolvem diante dos meus olhos.

Essa leitura do *Sonho* é preparada pela discussão que os interlocutores do diálogo iniciam, desde o preâmbulo do primeiro livro, quando se interrogam sobre a necessidade de apreender o conhecimento da astronomia para dirigir a *res publica*. A questão apresentada no preâmbulo, por ocasião de um eclipse recentemente observado pelos interlocutores do diálogo, suscita diversos tipos de resposta que delimitam o espaço de "recepção" no qual Cícero poderia utilizar a reflexão platônica.

Cipião começa por se recusar a adotar a posição dogmática de seu amigo, o estoico Panécio, cujas afirmações poderiam fazer esquecer que aquilo que é objeto de estudo dificilmente pode ser apreendido pela conjectura (1, 15); Cipião justifica suas reservas no tocante às especulações sobre a natureza invocando a autoridade de Sócrates, mas seu interlocutor, Tuberão, lhe recorda que a tradição que faz de Sócrates um filósofo unicamente preocupado com a ética é contradita pelo Sócrates de Platão. Então, Cipião resolve a contradição distinguindo o Sócrates histórico daquele ao qual Platão deu conhecimentos que ele mesmo adquirira junto aos pitagóricos (1, 16).

Assim iniciada, a discussão incide tanto sobre as condições de possibilidade de conhecimentos físicos quanto sobre a respectiva autoridade de Sócrates e Platão sobre o assunto: o que espera uma resposta, mas não a terá explicitamente, é a questão de saber se a objeção "retrospectiva" que faria o Sócrates histórico às tranquilas crenças cosmológicas dos estoicos é anulada pelo fato de que o próprio Platão superou a posição de seu mestre e mostrou que ela era insustentável. Desse modo, são desde já esboçados, através da dupla figura de Sócrates, os problemas de interpretação da herança platônica em um mundo onde o estoicismo tem uma grande difusão, e isso principalmente graças aos interlocutores do diálogo que aceitaram Panécio em seu círculo.

A chegada de um novo personagem, Lélio, permite passar da questão da possibilidade para a da utilidade dos conhecimentos de física: a Lélio, que considera inútil abordar esses assuntos enquanto não aprofundarmos o que diz respeito à *res publica*, Filo apresenta dois tipos de respostas: a primeira desenvolve a imagem estoica do mundo como casa comum dos homens e dos deuses; a segunda recorda que o conhecimento do mundo, e só ele, é fonte do prazer (1, 19). A simples sobreposição, não comentada, desses dois tipos de respostas basta para compreender que não podemos optar por uma cosmologia positiva.

Cipião, por sua vez, oferece uma resposta que permite levar em conta ao mesmo tempo o interesse da *res publica* e a realização ética pessoal: há uma utilidade política imediata em poder usar seus conhecimentos em astronomia para dissipar o medo que paralisa seus concidadãos, como o fez Péricles durante a Guerra do Peloponeso (1, 25), e mais, esses conhecimentos favorecem a meditação sobre a insignificância da glória humana, cuja utilidade política e ética é de grande alcance. O exercício do poder não tem por objetivo o lucro e a glória pessoal, mas o cumprimento de uma obrigação (*munus*), que é crucial para o homem, pois é através dele que ele realiza plenamente sua humanidade, ou seja, o desenvolvimento do que o caracteriza em si, a cultura, *humanitas* (1, 27-29).

Reorientando o debate sobre o homem e sobre o papel que ele pode desempenhar na comunidade política, Cipião apresenta as grandes linhas da interpretação do sonho que ele contará no último livro do diálogo: compreende-se particularmente por que a meditação sobre a insignificância da glória humana (6, 20), decorrente da contemplação dos esplendores do mundo, não conduz a um julgamento negativo sobre os valores definidos pelas comunidades humanas.

Ao contrário, é somente praticando as duas virtudes políticas essenciais, *pietas* e *iustitia*, que se pode pretender alcançar a Via Láctea, e não se julgando dispensado de cumprir a tarefa estabelecida ao homem, de ser o guardião da Terra (6, 15-16). Mas, uma vez que a memória dos homens pode ser frágil ou ingrata, e que as cidades não são sempre reguladas pelos princípios que guiaram os ancestrais, é útil que aqueles que vão consagrar sua vida à *res publica* possam sobrepujar o olhar dos homens e retirar suas forças da contemplação do mundo. Essa atividade de contemplação, mais ainda que a do conhecimento, acompanha, por conseguinte, o comprometimento na *res publica*: ela não o precede, porque não constitui a etapa necessária antes do exercício do poder.

Os melhores cidadãos referidos por Cícero não são comparáveis aos "guardiões da cidade" que Platão apresentou na formação ideal: eles não retornam à caverna para, então, tentar aplicar lá o conhecimento adquirido fora dela, são homens entre os homens que, ao mesmo tempo que se dedicam plenamente à conservação da *res publica*, voltam seu olhar para o lugar onde sua alma aspira viver.

Assim, da discussão inicial até a "lição" do *Sonho*, uma mesma posição epistemológica é defendida: considerando que resta ao homem apenas conjecturar sobre o mundo, seria falta de rigor e de coerência construir um modelo a partir de um "sistema do mundo" ou de uma doutrina cosmológica para pensar sobre a constituição e as melhores leis.

Essa constatação, que ataca diretamente os estoicos e sua "cidade única" dos homens e dos deuses estendida ao mundo inteiro, questiona também o demiurgo cosmológico usado por Platão para definir a cidade dos homens na *República*, no *Timeu* e nas *Leis*. Mas não se trata tanto de uma crítica radical, mas antes de uma limitação dos modelos teóricos que visa, sem dúvida, contestar o uso pervertido, porque dogmático, que fazem deles os estoicos. A razão dessa reserva metódica e crítica é explicitada nas obras posteriores: assim, nas *Academica* (2, 118-128), a apresentação que Cícero faz das diferentes doutrinas físicas elaboradas desde Tales é suficiente para apontar a ignorância do homem sobre os princípios que regem a organização do mundo.

A consequência dessa posição epistemológica é clara: apenas uma abordagem histórica é pertinente para refletir sobre a constituição das cidades. Deve-se observar uma sociedade específica evoluindo em limites temporais específicos para compreender como se forma a cidade, como se estabelecem as instituições e se elaboram as leis. Cícero parte, portanto, de uma "história de Roma" considerada como um processo coletivo, no decurso do qual, em correções sucessivas, a *res publica* toma uma forma satisfatória.

Não que Roma represente o termo de uma história finalizada, já que a Roma do diálogo *Da República* desapareceu nos últimos três quartos de século, e a Roma na qual Cícero situa o diálogo dedicado ao *Das leis* está sob o domínio dos generais Pompeu e César, cujo confronto três anos mais tarde, em uma guerra civil sangrenta, será o derradeiro golpe dirigido às instituições republicanas. Nessas circunstâncias, o retorno ao desenvolvimento da cidade e das suas leis acaba por lembrar aos leitores romanos tentados a confiar na lei do mais forte que a *res publica* é o julgamento de todos os cidadãos, que a história ensina como essa *res publica* não é nem uma ideia nem uma entidade abstrata, mas a "coisa do povo", *res populi*, de acordo com a definição proposta por Cipião no *Da República* (1, 39).

O método histórico permite, portanto, concentrar a reflexão política no homem, definido principalmente como um ser responsável pela herança que lhe é transmitida, mas responsável também pelas próprias escolhas e pela sua inserção numa longa vida:

> Antes de nossa época, era o próprio costume de nossos pais que proporcionava homens de prestígio, e o costume antigo, bem como as instituições dos ancestrais, eram mantidos por esses homens notáveis. Mas nossa geração, que recebera um Estado comparável a uma pintura de grande beleza, tornada, no entanto, um pouco desbotada pela antiguidade, não somente se descuidou de restaurá-la, como não se preocupou em conservar pelo menos sua forma geral e, por assim dizer, seus traços mais marcantes. [...] À falta de homens, os próprios costumes pereceram: devemos não somente prestar contas por esse desastre, como também nos defender como homens acusados de uma pena capital. Pois são pelos nossos próprios vícios, e não por um acaso infeliz, que ainda mantivemos o nome do Estado, embora tenhamos perdido a coisa há muito tempo.[5]

Inserindo o homem em sua historicidade, e do mesmo modo em sua precariedade, Cícero deseja refundar a ética e a política sobre as noções e as normas que são capazes de definir, coletivamente e por um determinado tempo histórico, os homens livres: essa posição é particularmente impressionante quando, na mesma época, começa a prevalecer a ideia de que o poder político cabe apenas aos homens de ascendência divina que almejam fazer coincidir os limites do império romano com os do mundo conhecido,

---

5. Palavras de Cícero no preâmbulo perdido do livro 5 *Da República*, citadas por Santo Agostinho, *Cidade de Deus*, 2, 21.

transformando assim um momento da história humana em um dado imutável e universal.

Portanto, a metodologia adotada não está somente na continuidade de um Aristóteles, que jamais é citado aqui: é principalmente por suas implicações éticas que Cícero privilegia o método histórico.

A *história coletiva e a configuração da política*

Apesar das muitas lacunas do diálogo *Da República* e da falta de conclusão do diálogo *Das leis*, não há dúvida sobre seu projeto e seu método comuns: no primeiro diálogo, a reflexão teórica sobre os diferentes tipos de constituição não chega a dar razão à superioridade da constituição mista que associa monarquia, aristocracia e democracia (1, 69). Desse modo, mostrando como foi feita a progressiva realização desse equilíbrio perfeito entre os três regimes puros, a partir da fundação de Roma, é que Cícero escolhe como proceder. No segundo diálogo, o projeto de descrição exaustiva dos direitos e decretos dos povos (1, 17) dá lugar a uma seleção de leis religiosas e civis de Roma cuja interpretação que lhes confere Cícero mostra quanto elas estão de acordo com o que foi previamente exposto sobre a natureza humana.

> Catão costumava dizer que a constituição de nossa cidade sobrepunha-se à das demais por esta razão: nelas, geralmente foram os indivíduos que estabeleceram o Estado pelas suas leis e pelas suas instituições, como Minos, em Creta, Licurgo, em Lacedemônia[6] [...]; nosso

---

6. Minos, rei lendário de Creta, foi o primeiro a estabelecer leis ao gênero humano; Licurgo é igualmente uma figura lendária, a quem Esparta deve suas leis e suas instituições.

Estado, ao contrário, não foi estabelecido pela inteligência de um único homem, mas pela de muitos, e isso não ao longo da vida de um homem, mas através de muitas gerações. Pois dizia ele jamais ter existido uma inteligência tal que nada pudesse lhe escapar, e todas as inteligências reunidas em um único ser seriam incapazes de abarcar tudo em apenas um momento, sem ter a experiência da duração das coisas.[7]

A *res publica* é fruto de um trabalho coletivo: é o que mostra a sucessão de reis lendários de Roma, conforme a orientação que lhe deu a historiografia romana e que Cícero subscreve aqui:

O Estado não é formado nem em um só tempo nem com um só homem; vê-se claramente quão grande acréscimo de bens e de benefícios produziu a sucessão de cada um dos reis.[8]

Com o ato constitutivo de Rômulo que estabeleceu o fórum da cidade, lhe autorizando observar os pássaros, foi instituído o princípio sem o qual nenhuma decisão política seria válida: tomar os auspícios. O rapto das Sabinas resulta na associação do rei dos Sabinos com o poder, o que antecipa a colegialidade dos dois cônsules da época republicana; é, finalmente, com a autoridade dos melhores cidadãos, reunidos em um "quase Senado" (2, 15), que Rômulo governa. Mas se, desde o primeiro rei, pode-se reconhecer o germe do poder consular e o papel do Senado, é preciso aguardar a secessão da plebe no monte Aventino, dezesseis anos após o fim do reinado, para que se realize

---

7. Cícero, *Da República*, 2, 2.
8. Ibidem, 2, 37.

o equilíbrio entre o poder dos magistrados, a autoridade do Senado e a liberdade do povo (2, 57). Acentuando o lento desenvolvimento das instituições republicanas, Cícero deixa transparecer o princípio geral que guia sua reflexão política: nenhum homem pode pretender, apenas por sua inteligência, ser o demiurgo e o nomóteta providencial, nem mesmo o muito sábio Numa, o que implica, consequentemente, que não é possível ao filósofo, nem mesmo a Platão, construir de repente o modelo da melhor cidade.

A reflexão de Cícero, portanto, toma a forma da observação do naturalista:

> Alcançarei mais facilmente o objetivo a que me propus se mostrar a vós o nascimento, o crescimento, a maturidade sólida e garantida de nosso Estado, do que se eu mesmo forjasse um Estado, como fez Sócrates na obra de Platão.[9]

Todavia, o método adotado não implica que o Estado assim considerado seja rigorosamente comparável a um organismo vivo e mortal, porque Cícero não subscreve a concepção platônica de uma degenerescência inevitável. Ao contrário, o que assegura a perenidade do equilíbrio na cidade é uma virtude cuja eficácia não pode ser enfraquecida, a justiça, sem a qual a *res publica* não pode ser *res populi*, propriedade do conjunto dos cidadãos: "(Cipião) extrai das definições que lhe foram dadas que a *res publica*, isto é, a 'coisa do povo', apenas existe quando governada de acordo com o bem e o justo."[10]

Se não há morte natural, a conservação da cidade está, portanto, inteiramente nas mãos daqueles que a constituem

---

9. Ibidem, 2, 3.
10. Citado por Santo Agostinho, *Cidade de Deus*, 2, 21 = *Da República*, 3, 7.

enquanto *populus*, e nas dos magistrados cuja função é zelar por ela por meio da prudência (*prudentia*): a eles compete fazer prevalecer a justiça. Mas resta chegar a um acordo quanto à própria definição do termo e às formas de sua aplicação na *res publica*.

Sobre o que é a justiça, tema da *República* de Platão, os fragmentos que subsistem apenas autorizam uma reconstituição prudente. Em sua definição mais exigente, a justiça é a harmonia perfeita que faz todas as vozes da cidade serem ouvidas quando elas procuram imitar a alma dos melhores cidadãos (2, 69): mas a analogia entre a cidade e a alma, sobre a qual se assenta toda a *República* de Platão, é explorada e evocada de outro modo no *Sonho*. Além disso, o vínculo dessa analogia entre a educação da alma e a criação da melhor das cidades, reforçada em Platão, não é aqui estabelecido: e nada garante, tanto nesse diálogo quanto no dedicado às leis, que a descrição do melhor cidadão passa pela narrativa de uma educação à maneira de Platão.

Pelo contrário, a julgar pela perspectiva escolhida no livro 2 do diálogo ciceroniano, e confirmada por alguns fragmentos, não se trata de oferecer aos cidadãos uma educação que se distancie dos princípios transmitidos pelos Antigos, àqueles que se deve respeitar no círculo familiar (4, 2-3): não há, portanto, um programa de educação "filosófica" destinado a formar a verdadeira justiça.

Não é então de admirar que a justiça seja entendida principalmente como o respeito às leis e às obrigações estabelecidas pelas instituições, visando o bem comum.

Mas o que é o bem comum? Ele abrange o interesse particular ou o contraria? E a consideração do bem comum da cidade, pode levar a injustiça às demais cidades?

> A sabedoria ordena ampliar nossos recursos, aumentar nossas riquezas, estender ao máximo nossas fronteiras

[...], exercer nosso poder sobre o maior número possível de homens, desfrutar dos prazeres, ser poderoso, reinar soberano; a justiça, ao contrário, nos prescreve poupar todos os homens, zelar pelo gênero humano, restituir a cada um o que lhe é devido, não tocar nas riquezas de outrem [...]. E nosso povo, que Cipião ontem nos apresentou desde sua origem, e que exerce seu poder sobre o mundo inteiro, foi, quando era menor, conformando-se à justiça ou à sabedoria que [se tornou maior]?[11]

Esses argumentos, emprestados em sua maior parte de Carnéades, faz ouvir no cerne do diálogo uma voz alterada da discussão que, em Platão, coloca Glauco e Adimanto contra Sócrates. Cícero recorda que essas críticas foram feitas por Carnéades visando fins dialéticos, numa construção *in utranque partem*, para mostrar que nem Platão, nem Aristóteles, nem Crisipo souberam sustentar de maneira irrefutável sua tese sobre a excelência absoluta da justiça (3, 8-10). No entanto, essas críticas são utilizadas aqui de tal modo que apresentam consequências mais decisivas na construção total do diálogo ciceroniano: demonstrando, por meio de muitos exemplos vindos das práticas imperialistas romanas, que a justiça se opõe à sabedoria — em vez de se constituir como um dos aspectos —, Cícero (através de Filo, porta-voz de Carnéades) dá uma significação diferente aos elogios destinados, no livro precedente, aos grandes fundadores das instituições romanas por sua sabedoria e prudência. É, portanto, mais por intermédio dos sábios cálculos de interesse que por sua sabedoria sensata, que os homens que sucessivamente desenvolveram as instituições conferiram estabilidade à *res publica*. Por conseguinte, a definição do "melhor cidadão", que

---

11. Cícero, *Da República*, 3, 22.

constitui o segundo assunto do diálogo, está de antemão sujeita a uma potencial crítica: a sabedoria dos chefes de Estado, cujo objetivo é assegurar a seus concidadãos uma vida feliz, feita de "riquezas, de glória e de virtude" (5, 6), pode não coincidir com a justiça.

Essas salutares advertências levam à conclusão de que a justiça, que confere à cidade seu equilíbrio durável e à *res publica* sua legitimidade, representa antes um ideal a ser atingido do que a condição necessária à sua formação; e se o indivíduo que a cultiva está seguro, no "sonho" de Cipião, de aceder assim à Via Láctea, o caráter hipotético — e excepcional — desse destino é suficiente para mostrar quanto a prática da justiça representa igualmente um ideal a ser atingido, fim de uma educação da alma que os fragmentos que subsistem do diálogo não explicitam. Entretanto, a morte de Cipião pelas mãos de seus adversários políticos é o acontecimento em relação ao qual é orientada toda a encenação do diálogo *Da República*: ou seja, Roma, inequivocamente, não conheceu o equilíbrio durável que lhe garantiria a justiça.

Na falta desse equilíbrio, Roma tem leis que estabelecem o uso que os magistrados devem fazer do *imperium* e que prescrevem aos cidadãos as modalidades da obediência. No diálogo *Das leis*, concebido como complemento do *Da República* (*Das leis*, 1, 15), são explicitadas as condições que permitem a existência e a manutenção da cidade: os magistrados, "leis que falam" (3, 2), devem exercer o poder lembrando que deverão obedecer a seus sucessores no fim do mandato, enquanto todo cidadão sabe que a obediência às leis o torna digno de comandar um dia (3, 5).

A mobilidade das funções na constituição mista, aquela que Cipião havia apresentado como a melhor no diálogo precedente, permite garantir assim o respeito às leis. Constata-se que essa garantia não vem dos princípios gerais sobre os quais Cícero tentara constituir as leis. A razão disso é explicitada pelo próprio desenvolvimento da conversa entre Quinto, irmão de Cícero, Ático, seu amigo, e Cícero, relatada no primeiro livro: depois de afirmar que é preciso buscar os princípios da lei no cerne da filosofia, e para explicar a natureza do direito, a partir da natureza do homem (1, 17), Cícero deixa transparecer progressivamente que é impossível se apoiar em princípios firmes e incontestáveis.

A natureza humana foi muito celebrada por suas capacidades racionais (1, 28), que lhe permitiram reconhecer na lei a expressão da razão (1, 19). No entanto, a própria forma de elogio que Cícero usa para descrever a especificidade da natureza humana, bem como a imagem do "cultivo da alma", emprestada de *Timeu* de Platão para lembrar o parentesco dos homens com os deuses (1, 24), são suficientes para indicar que não estamos lidando com uma descrição, mas com uma prescrição ética.

Os fundamentos filosóficos sobre os quais essa prescrição ética repousa não são discutidos, como o próprio Cícero salienta na encenação: o epicurista Ático ousa aceitar a ideia de que a natureza é regida pela vontade dos deuses como uma premissa extremamente provisória (e aproveitando-se do barulho que os pássaros fazem para não ser ouvido (1, 21)), enquanto os acadêmicos como Carnéades são cortesmente dispensados (1, 39). Por fim, a questão essencial do bem supremo é tratada como objeto de controvérsias não resolvidas (1, 52-56), o que deixa em suspenso a ética suscetível de guiar o homem em direção à sabedoria, fonte genuína da lei (1, 58): nessas condições, é necessário se contentar em observar a natureza dos homens, tal como os costumes a moldaram, se se deseja encontrar as leis mais adequadas.

Aqui o método consiste em partir daquilo que os homens já edificaram para refletir sobre o que é uma lei: todo texto escrito e votado como lei não é uma lei, assim como um remédio prescrito por um incapaz não é um remédio (2, 13). As leis são, portanto, selecionadas em função de dois critérios: por sua capacidade de assegurar a manutenção do equilíbrio político e por sua capacidade de reformar os costumes (3, 28-29). Esses dois critérios advêm da concepção platônica da lei como medicação (2, 13): as leis mais bem ajustadas à *res publica* do diálogo precedente têm a melhor eficácia curativa e pedagógica. Para assegurar a boa saúde dos cidadãos, e com ela o bem da cidade (1, 37), é preciso, então, que a lei leve em consideração o que sofre potencialmente o conjunto, ou apenas uma parte, do corpo cívico.

Um exemplo disso é demonstrado através do caso das "leis tabelárias", que permitem recorrer ao voto secreto. O irmão de Cícero, Quinto, se admira que em seu projeto legislativo Cícero tenha conservado essas leis que ele próprio desaprova, como se não houvesse a liberdade de estabelecer o que é melhor para a cidade e devesse ter em conta somente o que é possível obter do povo (3, 37).

A resposta de Cícero se dá em três planos: em primeiro lugar, diz ele, essas leis eram necessárias para evitar a intriga. E ainda que elas não tenham conseguido impedi-la totalmente, é mais uma razão para conservá-las: elas são o garante da liberdade do povo. Por fim, enquanto a proposição de Cícero comporta a cláusula restritiva de que as tabuletas de voto devem ser mostradas "aos melhores cidadãos", a justificativa que ele dá a essa cláusula visa mais diretamente à preservação do equilíbrio político: "dá-se uma aparência de liberdade, mantém-se a autoridade da gente de bem, suprime-se a causa dos conflitos" (1, 39).

Assim, a lei é avaliada do ponto de vista de sua eficácia prática, independente da prioridade dos princípios de onde ela adveio: em vez de uma forma de realismo, há que se ver, mais uma vez, a vontade de ter em conta "os homens tais como eles são" para melhor consolidar os vínculos que criam e mantêm o *populus*, o corpo cívico. É por isso, como recomenda Platão em *As leis*, que é preciso reforçar a eficácia das leis, fazendo com que sejam precedidas por um preâmbulo destinado a persuadir os homens sobre o valor da lei.

No entanto, o preâmbulo com que Cícero encabeça o enunciado das leis religiosas e civis (2, 14-16) é notável na medida em que privilegia, para melhor persuadir, o apelo em favor de uma convicção íntima sem fazer qualquer referência a um saber constituído e controlado. Desse modo, o que é necessário para garantir os juramentos, os tratados, e até o vínculo social entre os cidadãos, não é apresentado como certo, mas como o que é ao menos útil, se não verdadeiro: os deuses governam o mundo, e nele exercem a justiça e, em sua providência perante o gênero humano, levam na devida conta os atos de cada um.

Objeto de persuasão, e não de ciência, a ideia de que a justiça divina é exercida no mundo conserva, inclusive no preâmbulo às leis, um estatuto epistemológico que não ultrapassa os limites estabelecidos pelo conceito do *probabile*. A cidade dos homens deve, portanto, ser constituída, mantida e dirigida segundo os princípios e as normas que a coletividade elabora no debate e no conflito: duras e perigosas lições da história, único campo de ação, porém, onde se desenvolvem a excelência do homem e o que há de divino nele.

O homem deve, então, viver sem poder decidir sobre o divino: essa posição radical e exigente é definida ainda mais firmemente nos três diálogos que Cícero dedica às "questões de física", nos quais a crítica que faz ao providencialismo estoico lhe permite dar plena expansão à autonomia do homem. Trata-se, assim, de definir uma ética da vontade num mundo onde tudo não somente não carrega a marca de uma racionalidade providencial, mas onde, sobretudo, o acaso é cientificamente concebível.

"Contra os físicos"

O debate conduzido no diálogo *Da natureza dos deuses* inicia-se com uma questão que retoma especificamente o que constituía o preâmbulo à lei:

> A grande questão, neste caso, é saber se os deuses não fazem nada, não se ocupam de nada, são isentos de toda obrigação no governo do mundo, ou se, ao contrário, são eles que, desde a origem, fizeram e estabeleceram todas as coisas, e que as dirigem e as fazem se mover por todo o sempre.
> Essa é a principal e grande discordância: se não for resolvida, a humanidade ficará necessariamente na incerteza mais completa e ignorará todos os assuntos mais importantes. (1, 2)

Essas questões dizem respeito a todas as condições próprias da vida em sociedade: pensar, como os epicuristas, que os deuses não se preocupam de modo algum com os assuntos humanos não leva necessariamente ao desaparecimento dos laços de piedade e, com eles, a boa-fé e a justiça? (1, 3). A questão ficará em suspenso, já que o próprio Cícero, que intervém no fim do diálogo, no qual ele era apenas um ouvinte, não a conclui, na medida em que aceita a teologia estoica: ele se contenta em julgar a exposição apresentada pelo interlocutor estoico como "a mais próxima da verossimilhança" em relação àquela do epicurista (3, 95). Essa exposição realça, sobretudo, a beleza do mundo, aquela do reino animal e humano, e a generosidade da natureza para com os homens, pontos que não constituem o objeto do debate no diálogo.

Em contrapartida, a ideia de que o mundo é organizado segundo uma razão providencial é submetida a críticas profundas: vale lembrar mais uma vez que a *prudentia* dos homens não pode buscar apoio na *providentia* que se pode ver em curso no mundo, e que a atividade que se presta aos deuses, aplicando a ela o vocabulário da previdência dos bons governantes (*consulere*), não pode, por sua vez, constituir o modelo da atividade política.

O primeiro nível de crítica refere-se à ideia de que a razão é necessariamente providencial: Cícero desenvolve, a partir de Carnéades, os argumentos que demonstram que a razão não é necessariamente um bom demiurgo, mas muitas vezes, ao contrário, um princípio de destruição (3, 66-78). Encontram-se assim referidos os próprios fundamentos sobre os quais se apoia a tese da racionalidade do mundo: a observação que os estoicos fazem da força destrutiva da razão humana não permite garantir que a razão em curso no mundo, que é exatamente da mesma natureza, seja tão somente orientada para a conservação; antes, a infelicidade dos bons e a prosperidade dos maus, de que a história fornece tantos exemplos, mostram que, se há uma organização racional do mundo, ou um governo divino, não é decerto uma providência preocupada com os homens (3, 85).

Nas duas obras seguintes, *Sobre a adivinhação* e *Sobre o destino*, Cícero vai mais longe e contesta radicalmente as consequências que os estoicos extraem da onipresença da razão providencial no mundo: não há adivinhação porque não se pode admitir esse encadeamento necessário e inevitável das causas que os estoicos chamam de destino.

A crítica ao estoicismo possibilita a Cícero especificar as condições nas quais se elabora a reflexão política e ética para o homem, condições que fornecem a segunda razão para excluir a hipótese de um modelo divino da atividade política: o homem vive sua vida de cidadão numa autonomia radical em relação ao divino, é nesse sentido que os deuses e a aspiração que o impele a ir além de si mesmo não interferem de modo algum em sua vida na comunidade política. Cícero salienta com veemência essa autonomia, mostrando sistematicamente que todas as técnicas de adivinhação empregadas em Roma, longe de serem a prova de que os deuses enviam sinais aos homens, baseiam-se em uma compreensão superficial, ou completamente falsa, das leis da natureza e da ciência dos "físicos": na melhor das hipóteses, essas técnicas devem ser preservadas no interesse do Estado, como é o caso dos auspícios; na pior, é preciso rejeitá-las como práticas supersticiosas de charlatães.

Os estoicos cometeram um erro ao querer extrair das práticas romanas uma confirmação de sua doutrina, que deduz da existência dos deuses a capacidade dos homens de predizer e de conhecer de antemão os acontecimentos, de acordo com a definição que Quinto dá à adivinhação (*Sobre a adivinhação*, 1, 9): Cícero procura, ao contrário, dissociar a crença na existência dos deuses de todas as práticas divinatórias para melhor preservá-la (2, 148), e apenas duas técnicas divinatórias utilizadas oficialmente em Roma são mantidas por razões institucionais: a observação do voo dos pássaros (auspícios) e as entranhas dos animais (harúspice).

Como membro do colégio dos áugures, cuja função é controlar a regularidade da tomada de auspícios, Cícero deixa claro que não tenciona predizer o futuro observando os pássaros, mas concorda que a autoridade do colégio dos áugures, consolidada pela tradição que remonta a Rômulo, desempenha um papel importante na condução da vida política (2, 70-75). Com efeito, basta que surja um raio à esquerda para que a reunião da assembleia do povo seja impedida pelos áugures, o que Cícero analisa como uma sábia medida política, tomada "no interesse do Estado, a fim de que os líderes da cidade sejam os intérpretes da assembleia do povo durante os processos, a votação das leis e das eleições dos magistrados" (2, 74).

Técnica humana, instrumento de controle político, a adivinhação não é o sinal de que os deuses estão presentes, mas não é também uma arte conjectural como a medicina: apesar de todos os esforços de Quinto para mostrar que a adivinhação baseia-se na acumulação das observações, que levam a identificar os encadeamentos entre sinais e acontecimentos (1, 109), e para esclarecer que o sinal é uma ajuda que os deuses enviam ao homem porque ele não é capaz de perceber as causas do que está por vir (1, 127), a crítica de Cícero é radical. Apenas a investigação científica das causas, que permite a explicação racional de um acontecimento (2, 60), pode constituir uma ciência da natureza, e não os devaneios dos estoicos, que, em nome da "simpatia universal", veem relações entre um ovo e um tesouro (2, 142), entre toda a natureza e um lucro pessoal (2, 33). Porque as leis da causalidade não são redutíveis ao destino, definido como "causa eterna em virtude da qual o passado aconteceu, o presente acontece e o futuro acontecerá" (1, 126), é que Cícero pode mostrar facilmente que o destino é um obstáculo para uma ciência da natureza rigorosa e para a liberdade do homem.

Essas duas linhas de argumentação contra a concepção estoica do destino são retomadas e desenvolvidas no *Sobre o destino*, do qual só restam fragmentos, a menos que se tratasse de uma versão inacabada: de todo modo, Cícero articula claramente ali a crítica que já havia esboçado no diálogo anterior no plano da física, com as consequências que tal concepção da natureza provoca nos planos lógico e ético.

Dessa perspectiva, a análise da causalidade ocupa um lugar importante para introduzir o "fortuito" e, com ele, a possibilidade do ato voluntário no encadeamento dos eventos.

> Se todo enunciado é ou verdadeiro ou falso, não se segue imediatamente haver causas imutáveis e eternas

que impeçam que algo aconteça de modo diferente do que deve acontecer. Existem causas fortuitas que fazem com que esta proposição seja verdadeira: "Catão virá ao senado", essas causas não estão incluídas no sistema ordenado da natureza.[12]

Cícero recusa, portanto, que se passe do estrito princípio da causalidade, o único aceitável, segundo o qual todo acontecimento tem uma causa, para um fatalismo que consiste em acrescentar às causas naturais as causas "adjuvantes", que são elas próprias inseridas na trama cerrada do destino. Definindo a causa como "o que produz efetivamente aquilo de que é a causa" (*Sobre o destino (De Fato)*, 34), Cícero contradiz os estoicos ao dizer que tudo que vem antes de um acontecimento é a causa:

> O fato de eu ter descido ao Campo de Marte não é a causa de que joguei a bola; Hécuba não foi a causa da ruína de Troia por ter dado à luz Alexandre, assim como não foi Tíndaro o assassino de Agamêmnon por ter gerado Clitemnestra.[13]

Contra essa abordagem da causalidade, que mal se distingue do pensamento trágico, Cícero recorre ao argumento de Carnéades contra Crisipo:

> Se tudo acontece sob o efeito de causas antecedentes, tudo acontece seguindo o entrelaçamento e a tecelagem das conexões; se assim for, é a necessidade que produz tudo; se isso é verdadeiro, não há nada em nosso poder. Há, porém, alguma coisa em nosso poder. Mas se tudo acontece sob o efeito do destino, tudo acontece sob o

---

12. Cícero, *Sobre o destino (De fato)*, 28.
13. Ibidem, 34.

efeito de causas antecedentes, portanto, tudo o que acontece não acontece sob o efeito do destino.[14]

Porque o homem sabe que há alguma coisa em seu poder apenas pela percepção psicológica interna dos movimentos voluntários de sua alma, é que a doutrina estoica do destino pode ser refutada; não dá para saber se Carnéades construíra seu argumento com o único fim de refutar os estoicos, para lhes mostrar que sua concepção das "coisas que dependem de nós" estava em contradição com a doutrina do destino, ou se pretendera partir positivamente do homem, da consciência que ele tem de sua liberdade, para contestar as implicações da física estoica.

É evidente, em todo caso, que esta é a mesma posição de Cícero: a questão da física é assim apreendida de modo diferente, de uma maneira que a subordina ao homem, que é ao mesmo tempo sujeito ético, autor de atos voluntários, mas também observador científico, habituado a constatar que a ordem da natureza admite igualmente o acaso como princípio de explicação causal.

A *suspeição do divino*

Das constatações reiteradas que o homem curioso pelas ciências pode fazer, não resulta, no entanto, um conjunto razoável de conhecimentos seguros: lembrando em diversas ocasiões como permaneceu profunda a obscuridade da natureza, Cícero denuncia o fracasso de todos os discursos anteriormente mantidos pelos "físicos", mas indica também que, na falta de um saber que abranja o conjunto da natureza, o homem pode desenvolver métodos válidos ao menos para áreas de observação limitadas — medicina,

---

14. Ibidem, 31.

história natural, astronomia, agronomia —, possibilitando prosseguir nas investigações rigorosas, tão fragmentárias quanto possam ser elas (*Academica*, 2, 122; *Dos termos extremos*, 5, 10).

Essa posição é mais bem esclarecida quando inserida na história da filosofia: os modos "pré-socráticos" de fornecer a explicação do mundo desapareceram, assim como os mitos e outras narrativas "verossímeis" forjados por Platão para dar conta dos vínculos do homem com o mundo. As ciências naturais, tais como a escola de Aristóteles as utilizou para definir os objetos, os métodos e os campos de aplicação, desvalorizaram de antemão os físicos "sistemáticos", como os estoicos e os epicuristas, que pretendem oferecer uma explicação simples e unitária do mundo.

Nessas condições, compreende-se que Cícero se recuse a ler o *Timeu* de Platão como o fazem os primeiros acadêmicos ou seu mestre Antíoco de Ascalon: a narrativa verossímil não pode se transformar em doutrina nem pode tornar-se retrospectivamente a matriz da física estoica. Embora muito consciente do papel que representou o *Timeu* na história da filosofia, papel que ele próprio enfatiza através da construção das exposições doxográficas que apresenta (*Academica*, 2, 118-128; *Da natureza dos deuses*, 1, 18-41), Cícero traduz o texto, como vimos no primeiro capítulo, de acordo com a orientação fornecida pelo conceito do *probabile*.

Mas a limitação que o conceito exerce no campo do saber não atinge o desejo de contemplação, verdadeiro alimento para o homem, com seus olhos naturalmente dispostos a olhar além de si mesmo; no entanto, é justamente nesse elogio dos olhos, fonte de nosso apetite de conhecer onde nasceu a filosofia, que Cícero escolheu concluir sua tradução do *Timeu* (47b), sugerindo com esse recorte o que confirmam suas outras obras: se não se pode ser o objeto de uma ciência física incontestável, se tampouco não é essa totalidade abrangente na qual o homem encontra o lugar e as normas de sua ação, o mundo é pelo menos dado à contemplação. É somente a partir dessa contemplação que os homens podem "suspeitar" (*suspicari*) da existência de princípios divinos e hierarquizar os valores da comunidade humana.

A suspeição do divino baseia-se numa inferência simples que permite também ao homem suspeitar de um princípio divino nele:

> Embora tu não vejas a mente do homem, assim como não vês a deus, contudo, da mesma forma que reconheces deus pelas obras que ele realizou, tu deves igualmente reconhecer a essência divina da mente através da memória de que é capaz, da descoberta, da velocidade com a qual se move e da beleza que irradia a virtude.[15]

É então a partir do deslumbramento que provoca a visão do mundo, mas também a partir da admiração que o homem pode ter por suas próprias capacidades, que se forma a suspeição do divino na qual o homem tem sua parte: longe de compor uma ética da humildade para um homem incapaz de conhecer o divino, Cícero se apoia na consciência íntima e espontânea que o homem tem de suas capacidades para desenvolver uma ética da autonomia que se constrói sem necessidade de certezas.

Assim, acerca da imortalidade da alma e do lugar de sua estadia, as "provas" que o avô de Cipião empresta à argumentação do *Fedro* têm uma força limitada: sempre que reutilizadas nas *Discussões tusculanas* (1, 53-55), elas são invocadas ao longo de uma enumeração que recorre à superioridade de dois outros tipos de argumentação.

---

15. Cícero, *Discussões tusculanas*, 1, 70.

O primeiro consiste em se apoiar na antiguidade e na grande difusão da crença na imortalidade que atestam os rituais funerários; o segundo baseia-se na inferência anteriormente citada de que o homem cria a partir de "obras" divinas oferecidas à sua admiração.

A importância atribuída a esses dois tipos de argumento em relação às provas gerais extraídas da automotricidade da alma é suficiente para lembrar a posição epistemológica de Cícero: os princípios aos quais recorrem os físicos não podem ser considerados como verdades incontestáveis, enquanto as crenças coletivas e a inferência que leva a suspeitar da existência de um princípio superior às realizações que o olho percebe revelam, ao menos, uma disposição comum a todos os homens que os impele a dotar o homem de uma natureza diferente da dos animais. Essa disposição comum não vale certamente como verdade, nem mesmo como verossimilhança; ela refere-se, não obstante, à esfera da aplicação do *probabile*, a única em que o homem pode se situar.

Nessa perspectiva, compreende-se que a promessa de imortalidade do sonho não extrapola os limites que o homem estabeleceu para si mesmo: há nele um princípio divino, potencialidade que se revela apenas na atividade. Somente o desenvolvimento desse potencial, na comunidade política que oferece a melhor oportunidade de excelência, pode elevar o homem até a plenitude, cujo movimento regular dos astros lhe fornece a imagem.

Macróbio louva Cícero por ele ter mantido com genialidade o plano seguido por Platão em seu livro sobre a república, no qual o primeiro lugar atribuído à justiça é confirmado pela recompensa concedida às almas justas; no fim da leitura proposta aqui, pode-se dizer, em vez disso, que Cícero mostrou a impossibilidade de fundamentar os valores éticos e políticos em uma representação estável do mundo e do divino. Se não há princípio de determinação a buscar em outro lugar senão na liberdade do homem, o homem tem a plena responsabilidade, individual e coletivamente, dos valores reconhecidos e celebrados no espaço político: é também por isso que, como veremos no próximo capítulo, o sujeito ético é resultado de uma construção individual, de uma conformação de si mesmo numa comunidade de homens, e não uma alma em trânsito num mundo que não é o seu.

IV
Retrato do homem como artista

A ética política circunscrita pelo *munus humanum* é também uma ética da pessoa. Veremos aqui como Cícero constrói, a partir da *persona*, o que a posteridade filosófica utilizará como conceito: a construção se realiza quando Cícero "desloca" duas imagens às quais os estoicos conferiram um lugar preponderante na formulação de sua doutrina ética, a imagem do "papel" que o homem desempenha durante toda a sua vida, comparável nesse aspecto a um "artista". Mas se a ética delineada na obra de Cícero é uma verdadeira estética, não é, no entanto, à maneira da ética estoica, que impõe ao homem viver de acordo com uma Natureza artista, fonte e norma da moralidade perfeita. É uma estética porque o próprio homem se conforma a partir de materiais que lhe são próprios, o corpo e a razão movidos juntamente pelo gosto de descobrir, de enriquecer o leque de sensações e de expressões; é uma estética, enfim, porque as relações com os outros, da simples sociabilidade à amizade mais fiel, são o lugar e a ocasião de desenvolver todas as nuances do sentimento e dos afetos, e elas contribuem, por essas mesmas razões, para arrematar a conformação pessoal que o homem não cessou de exercer nele mesmo.

Nessa conformação de si mesmo, o pertencimento a uma comunidade política e social específica desempenha um papel determinante: o que evidencia de uma maneira impressionante a disposição de questões éticas no diálogo *Dos termos extremos do bem e do mal*, nas conversas das *Discussões tusculanas* e no tratado *Dos deveres*. A reflexão de Cícero sobre a natureza do homem, as regras da conduta e a busca da felicidade procede, com efeito, a partir de dados políticos e culturais romanos, porque um homem se define por uma cidade, uma educação, uma história. Como vimos no capítulo anterior, essa ética pensada e escrita em termos romanos não tem pretensões à universalidade, como não as deve ter a reflexão sobre a *res publica*: não é portanto observando a criança recém-nascida que Cícero parte em busca de uma natureza humana que será comum a todos. Ao contrário, ele privilegia tudo o que há de "construído" no homem, retrabalhando-o, para lhe dar um status conceitual específico, a metáfora usada da máscara de teatro. É durante essa reelaboração que Cícero circunscreve o sujeito ético.

Persona: *o sujeito ético no campo de ação do* probabile

No tratado que ele redigiu para seu filho, *Os deveres*, Cícero, inspirando-se explicitamente no estoico Panécio, desenvolve uma análise dos diferentes aspectos do *honestum* para melhor definir cada categoria dos deveres. Um dos aspectos do *honestum* é o "adequado", o que convém fazer (*decorum, decet*); no entanto, longe de escrever um "tratado do decoro", Cícero o aborda lançando a questão do "adequado" conforme a definição da pessoa:

> A questão do adequado cobre um vasto campo: os filósofos a abordam habitualmente quando tratam dos deveres [...], os gramáticos a propósito dos poetas, os oradores, para cada gênero e cada parte das causas.[1]

---
1. Cícero, *Orator*, 72.

Esses três tipos de reflexão sobre o adequado — a ética, a estética e a retórica — são aqui distinguidos no contexto imediato de uma definição das tarefas do orador ideal: é preciso, no entanto, apreendê-los em sua totalidade para avaliar em toda a sua extensão o que Cícero traz para a definição do sujeito ético.

O "adequado" não é uma norma universal: é aquilo que é mais digno do que somos. Entretanto, o que somos? Seres racionais, o que nos distingue dos animais, mas principalmente caracteres, diferenciando-nos uns dos outros (*Dos deveres*, 1, 107-114). A isso se acrescentam o status social que o acaso nos conferiu bem como os gostos, nutridos ou não numa tradição familiar, que nos levam a escolher esta ou aquela via (1, 115-121). Para designar cada um desses quatro aspectos sob os quais o homem pode ser apreendido, Cícero utiliza um termo cuja posteridade, na história da filosofia, oculta uma poderosa metáfora: *persona*, a máscara, o papel representado no teatro.

Pode-se dizer que o conceito de indivíduo, que remonta aos empregos ciceronianos da palavra *persona*, ganha ao deixar de lado a metáfora desgastada; que a língua latina clássica já garante os usos não metafóricos de *persona*, quer se trate da pessoa jurídica ou da pessoa gramatical. Mas a menos que se acredite que a evolução de uma língua coincide com a conquista da abstração, é preciso levar a sério a empreitada de "reativação" permanente da metáfora: o deslocamento que Cícero causou a essa imagem desgastada, e particularmente explorada pelos estoicos, basta para mostrar o que está em jogo, não permitindo a palavra grega *prosôpon*, cujos empregos se limitam à máscara. Com *persona*, Cícero cria um conceito que possibilita pensar a construção de si mesmo.

Quando os estoicos evocam o "papel" que o homem deve desempenhar, é para salientar a aceitação da dramaturgia escrita pela Natureza: ao longo do tempo que lhe é estabelecido — seja ele qual for —, o homem desempenhará o melhor possível o papel que a Natureza lhe confiou.

> Lembra que tu és ator de um drama, tal como o autor o quer: curto, se ele quiser curto; longo, se ele quiser longo, se é um papel de mendigo o que ele designou para ti, mesmo este, desempenha-o com talento; igualmente se for um papel de coxo, de magistrado, de homem comum. Pois tua tarefa é desempenhar corretamente o personagem que a ti foi confiado; quanto a escolhê-lo, cabe a outro.[2]

Em vez disso, de acordo com o uso que Cícero faz da metáfora, vê-se facilmente que o dramaturgo é o próprio homem, que escolhe a vida e o papel que mais se adaptam ao que ele é capaz de fazer: não há submissão a uma dramaturgia cômica, mas, ao contrário, uma criação que se apoia no que o homem tem de mais singular, o que não se reduz nem a seu pertencimento aos humanos dotados de razão, nem ao respeito de valores familiais e cívicos. É, com efeito, sua maneira de ser, com encanto, humor ou, ao contrário, severidade, todos os traços que revelam um homem através de suas relações com os outros, que devem guiá-lo na escolha das condutas:

> Cada um deve conservar não suas falhas, mas as que lhe são próprias, a fim de poder manter mais facilmente esse "adequado a si mesmo" (*decorum*), sobre o qual estamos refletindo. É preciso, com efeito, agir de tal modo que, sem nada tentar contra a natureza comum a todos, e conservando-a inteiramente, sigamos, contudo,

---

2. Epicteto, *Manual*, 17, tradução de J. Pépin (In: *Les Stoïciens*. Paris: Gallimard, 1962).

nossa própria natureza, que consiste em avaliar as motivações que nos levam a agir segundo as regras de nossa natureza, mesmo quando haja motivações mais sólidas e melhores.[3]

É essa regra que permite explicar o suicídio de Catão: ora, o exemplo é tão notável que transforma a significação do gesto, fazendo com que os estoicos o tomem como exemplo ético por excelência. Em vez de ressaltar através do ato de Catão que a virtude é o único bem, que a liberdade moral é inalienável, Cícero mostra quanto esse gesto era adequado à própria natureza de Catão, à sua *gravitas*:

> E essa diversidade de naturezas é tão importante que, às vezes, enquanto um deve decidir decretar a própria morte, outro, na mesma situação, não o deve. M. Catão se encontrava numa situação diferente daquela em que se encontravam os que, na África, se renderam a César? Devíamos, contudo, censurar todos os outros suicídios porque sua vida havia sido mais doce e seu caráter mais conciliador. Catão, ao contrário, que a natureza dotara de uma firmeza excepcional, que havia ele mesmo reforçado demonstrando uma constante coerência, mantendo sempre as resoluções tomadas, melhor foi morrer que revirar os olhos diante do rosto do tirano.[4]

Assim, a cada um cabe definir as normas de sua ação: a variedade das condutas possíveis e admiráveis provém da variedade das naturezas. Em ética também, diz Cícero, é preciso pensar a partir da diversidade.

Desse modo, contra o estreitamento ascético preconizado pelos estoicos e pelos epicuristas, que reduziram

---

3. Cícero, *Os deveres*, 1, 110.
4. Ibidem, 1, 112.

a ética a algumas secas prescrições que uniformizam as condutas, Cícero leva em conta a variedade infinita que constitui a comunidade dos homens; mas não se trata de se ater a uma moral "mundana", ao uso das diversas máscaras que a vida social impõe carregar, como aquela que se encontrará no classicismo francês. É que *persona* não se refere ao que esconde, ao que "mascara", mas ao que permite apreender um conjunto de comportamentos com coerência e totalidade. Que a coerência seja, de início, estética, isso não a desqualifica do ponto de vista ético, muito pelo contrário: a melhor adaptação de si mesmo é aquela que estabelece a justeza dos atos e das condutas.

Nem representar nem carregar nas tintas, como o faz compreender a comparação dissimétrica entre o ator, que usa uma máscara emprestada de outro, e o orador, fonte e garante (*auctor*) da *persona* que lhe é própria: "não atuo seguindo a máscara emprestada de outro, eu posso responder por mim", diz o orador Antônio no diálogo *Do orador* (2, 194). Por essa razão, o orador "revela" a verdade quando o ator pode apenas imitá-la (3, 214).

Ao contrapor ator a orador, Cícero não opõe a máscara à verdade, já que cada um dos dois tem uma máscara, no sentido de que "representa": mas somente o orador moldou a sua e pode, por isso, responder por ela. Portanto, sua palavra está enraizada em um sujeito eticamente responsável e, nesse contexto, ela tem um valor. Vê-se, assim, como *persona* permite a Cícero construir o sujeito ético: explorando todas as possibilidades oferecidas pelos empregos gramaticais e jurídicos da *persona*, que designam o sujeito ou o objeto de uma ação, Cícero mantém nas entrelinhas a referência teatral para enfatizar o que o sujeito ético deve a seu modo de ser entre os demais. Pode--se dizer que isso só é totalmente necessário ao orador: mas o orador é o cidadão por excelência, o homem em sua completude, ser da razão, da palavra e dos afetos, que sabe evidenciar, àqueles aos quais se dirige, cada nuance do que ele aprova, e sabe considerar o que cabe em cada situação.

> É preciso exigir do orador a sutileza dos dialéticos, as ideias dos filósofos, as próprias palavras, ou quase, dos poetas, a memória dos jurisconsultos, a voz dos trágicos e até o gesto dos grandes atores.[5]

Essas competências buscadas no orador evidenciam quanto *persona* é o conceito pertinente para reatar todos os aspectos da atividade do sujeito-cidadão-filósofo: pensar, se expressar, fazer entender o que se pensa, persuadir aqueles a quem se dirige, e "dar a ver". No entanto, todas essas atividades se situam na esfera em que a teoria retórica opera para alcançar o que é suscetível de ser provado/aprovado, *probabile*: nesse sentido, o orador é aquele que tira o melhor partido de todas as possibilidades oferecidas ao homem no campo delimitado pelo *probabile*.

É por isso que *persona* é o conceito que está bem mais de acordo com o *probabile*: do mesmo modo que o *probabile* cria um lugar que se situa no eixo estabelecido pela ontologia platônica, igualmente a *persona* delimita um espaço próprio ao sujeito ético: não é a zona intermediária de uma verdade traída ou fingida, mas o lugar onde se trocam palavras que envolvem a responsabilidade e que são dirigidas aos outros. Assim, *persona* não se refere a uma ontologia degradada, mas possibilita pensar o homem de tal forma que ele pode conhecer a si próprio e aos outros. *Persona*, coerência e verdade estética são o que melhor traduz o sujeito ético.

---

5. Cícero, *Do orador*, 1, 128.

O *corpo ético do cidadão*

Extraindo todas as implicações que a análise do sujeito como *persona* comporta, Cícero se interroga sobre o papel do corpo na construção e no desenvolvimento do homem. Longe de se ater a um dualismo sumário em nome do qual o corpo é relegado a esses incômodos que bloqueiam o impulso do homem em direção ao conhecimento, Cícero reflete a partir de corpos que moldaram a cultura romana, o corpo do soldado enrijecido pelo esforço, o corpo do orador trabalhado para revelar e suscitar as emoções: obviamente, o corpo se educa e se aperfeiçoa a fim de contribuir para a plena realização do homem. É desse ponto de vista que Cícero examina o lugar atribuído ao corpo pelos epicuristas e pelos estoicos, que têm isto em comum: eles relacionam toda a ética com a natureza, de tal modo que ela lhes parece se exprimir nas primeiras tendências do corpo. Mas as duas doutrinas, segundo Cícero, são inconsequentes: nem uma nem outra sabe manter até o fim o valor ético do corpo. Os estoicos, com efeito, o deixam de lado quando evocam as condições do aperfeiçoamento do homem, reduzido à pura racionalidade, e os epicuristas nunca se questionam sobre a articulação entre a razão e o corpo.

> Nós devemos levar em consideração o que somos a fim de que nos conservemos tal como devemos ser. Ora, nós somos homens, constituídos de uma alma e de um corpo feitos de algum modo: devemos amá-los, como o exige o primeiro impulso da natureza, e estabelecer a partir deles a definição do bem supremo [...].
> Vejamos se teus estoicos ou tu nos ensinam melhor — pois quem poderia melhor fazê-lo? — de que maneira, partindo desses princípios, vós conseguis fazer com que o bem supremo consista na vida moral (o que significa

viver de acordo com a virtude, isto é, a natureza), e de que modo, ou em que ponto, abandonastes o corpo e tudo o que, embora conforme à natureza, não está em nosso poder, o que, em uma palavra, define o próprio dever. Pergunto a ti, portanto, como a sabedoria abandonou subitamente essas recomendações tão importantes que a natureza nos forneceu.[6]

A crítica aqui dirigida à doutrina estoica, que Catão apresentou no livro anterior, articula em dois planos a censura geral da inconsequência: não somente a sabedoria, isto é, a conclusão do processo de desenvolvimento do homem, não integra as injunções da natureza que recomendam o homem a ele mesmo, como também deixa de lado tudo o que faz com que o homem seja homem de uma comunidade, cumprindo seu dever mesmo quando a matéria de seu dever foge a seu domínio. Exagerando, pode-se dizer que a sabedoria estoica se refere a uma alma sem corpo (*Dos termos extremos*, 4, 28) e a um cidadão que se recusa a agir.

Se as consequências da posição estoica são suficientes para mostrar que ela é inadmissível, e nos planos antropológico e político os estoicos cometeram o erro de abandonar o próprio processo de construção progressiva, eles ainda assim invocam o modelo artístico para definir a sabedoria:

> Não é, com efeito, à navegação ou à medicina que, segundo nós, a sabedoria é comparável, mas, antes, ao jogo do ator, que acabo de evocar, e à dança, cujo fim, isto é, a perfeita realização artística, não é procurada fora dela mesma, mas reside nela mesma.[7]

---

6. Cícero, *Dos termos extremos do bem e do mal*, 4, 25-26.
7. Ibidem, 3, 24.

Nessa comparação proposta por Catão, o que aproxima a dança da sabedoria é a autonomia, a perfeita independência em relação às circunstâncias exteriores para sua própria realização; Cícero, ao contrário, modifica radicalmente os termos da comparação, aproximando a sabedoria da arte do escultor: "Fídias pode esculpir uma estátua desde o princípio e acabá-la, assim como pode terminar uma estátua que já recebeu esboçada por outro: a sabedoria lhe é assim comparável, pois não é ela que engendrou o homem, mas o recebeu esboçado pela natureza" (*Dos termos extremos*, 1, 30). Assim reexplorado, o modelo artístico explicita a ética ciceroniana: nesse sentido, o homem é uma conformação progressiva durante a qual dá a si mesmo sua própria forma. No entanto, essa conformação é um trabalho sobre a matéria, não esse "salto", essa transformação radical que os estoicos designam de *métabolè* para qualificar o acesso à sabedoria.

A imagem da modelagem, contato incessante do escultor com a matéria, demonstra quanto é importante a articulação entre a alma e o corpo, e é partindo desse ponto de vista que Cícero organiza sua refutação da ética epicurista.

Os epicuristas fazem do prazer o bem supremo com base na apreciação dos sentidos:

> Todo ser vivente, assim que nasce, busca o prazer e desfruta-o como o maior dos bens, e afasta a dor como o maior dos males, atirando-a para longe dele tanto quanto possível. E ele age assim quando ainda não está corrompido, mas quando, ao contrário, a própria natureza profere seu julgamento puro e íntegro.[8]

Novamente Cícero constata que o corpo tal como os epicuristas o apreendem — assim como os estoicos —

---

8. Ibidem, 1, 30.

é "deixado de lado" na construção da ética, uma vez que cessa de exercer suas funções de parâmetro de avaliação quando se trata de definir a felicidade como um prazer contínuo, cuja possessão pode ser segura.

Para efetivamente garantir a estabilidade do prazer, independente das circunstâncias, os epicuristas acionam a memória dos prazeres passados e a antecipação dos futuros: contudo, objeta Cícero, como relacionar tudo à primazia do corpo se é o trabalho da memória que, selecionando os prazeres passados e deixando na sombra as dores, dá ao prazer sua duração (*Dos termos extremos*, 2, 86-88; 90-92; 103-106)? Do mesmo modo, quando os epicuristas afirmam que é possível suportar as maiores dores, calculando que estas serão seguidas dos maiores prazeres, por que não verificam que o corpo pode ser inteiramente trabalhado e modelado pela razão? Por que procuram se apoiar no testemunho bruto do corpo do recém-nascido, quando o corpo do sábio é modelado por uma vida de ascese baseada no conhecimento dos limites do prazer? Esse conhecimento é um raciocínio, que os próprios epicuristas chamam de *dianoia*, e não o resultado de constatações empíricas que são impossíveis de estabelecer, porque só a carne não pode impor nenhum limite ao prazer, como o queriam os epicuristas (2, 22): mais uma prova de que o corpo do sábio epicurista, longe de fornecer testemunhos fidedignos sobre a "natureza" do homem, é um "artefato" em que se revela a forte influência das normas éticas.

Mas, uma vez estabelecido esse ponto, não se trata de deduzir que é em termos da ascese que é necessário pensar a conformação conjunta do corpo e da alma: ao contrário, e não somente para provocar os epicuristas no terreno que eles abandonaram, Cícero chama a atenção para todas as potencialidades que um corpo controlado no próprio prazer oferece ao homem, a fim de alcançar sua plenitude (2, 35). Prazer do paladar, da audição, da visão, tantos prazeres que a aprendizagem e a prática permitem expandir e aperfeiçoar a fim de desenvolver os sentidos, fazendo-os instrumentos precisos e sutis do julgamento estético: assim, o homem conclui o "esboço" da natureza, aguçando os sentidos não apenas superiores aos dos animais, mas suscetíveis de serem sempre mais sabiamente educados (*Academica*, 2, 20; *Da natureza dos deuses*, 2, 145-146).

Para Cícero, é esse trabalho de modelagem e de "extensão" das capacidades do corpo pela cultura artística que oferece um paradigma que possibilita refletir sobre a conformação ética do corpo; todavia, esse paradigma não tem um alcance geral, porque o corpo do orador romano não é um corpo de ator-dançarino, e o corpo do soldado romano não corresponde ao de um atleta grego (*Os deveres*, 1, 129-130). Em outras palavras, a conformação do corpo não é uma operação neutra, ela vale principalmente pelo fim a que visa: nem o soldado nem o orador cultivam seus corpos para o espetáculo, e se a projeção de suas capacidades físicas é muitas vezes espetacular, o final desejado é a vitória, tanto no fórum quanto no campo de batalha.

O corpo assim trabalhado é um corpo cívico, e é nesse sentido que tem um valor ético: todo o debate feito na segunda conversa das *Discussões tusculanas* para responder à questão "a dor é um mal" deixa pendentes as respostas efetuadas pelos estoicos e pelos epicuristas para privilegiar a prática do soldado romano. Não se trata de negar que a dor é um mal, muito pelo contrário, mas de demonstrar que para um cidadão formado para evitar a desonra, a indecência suprema (*dedecus*), como o pior dos males, a resistência à dor faz parte da aprendizagem: a tal ponto que Cícero trata tanto da dor quanto do esforço (*labor*) do soldado, uma vez que é a prática dos esforços que torna suportável a dor, que forma um calo de proteção (*Dos termos extremos*, 2, 35-36). É por isso que o corpo do soldado é moldado nos exercícios repetidos — corpo a tal ponto "cultural" que Cícero pode dizer que as armas são também os seus membros —, prevalecendo apenas aquele que tem as forças vigorosas da juventude: é, portanto, sobre esse paradigma que é preciso refletir para compreender como se faz, na educação do próprio corpo, a integração progressiva dos valores éticos essenciais.

O treinamento apenas é válido porque acontece sob o olhar de uma comunidade: esse olhar que é julgamento, que suscita imediatamente a honra ou a desonra àquele ao qual é submetido, faz suportar os golpes mais pesados, como o recorda o exemplo dos jovens lacedemônios espancados barbaramente nos rituais de iniciação. Compreende-se, então, o que motiva Cícero a privilegiar a prática costumeira em vez dos sábios cálculos da razão, de preferir as rudes lições do veterano às máximas dos filósofos: a prática costumeira não é aqui entendida como um treino repetitivo, mas como uma assimilação, no próprio corpo, dos valores da comunidade. Essa assimilação se faz em uma relação de troca: o jovem cidadão constrói seu corpo conforme ao *decus* que lhe indica a comunidade, ele se apoia nos outros, e é pelos outros que ele se forma.

Longe da autonomia radical do estoico que suporta o sofrimento afirmando que ele não é um mal, mais longe ainda do epicurista que o suporta como um herói, enquanto diz que é o pior dos males, o cidadão romano opõe ao sofrimento um corpo preparado durante muito tempo por uma cultura cívica. Recusando as condutas heroicas espetaculares, aquelas que as ficções da mitologia e da epopeia não cessam de exibir, Cícero rejeita ao mesmo tempo os excessos aos quais conduzem as éticas helenísticas: rejeita os epicuristas que exclamam "como é agradável" quando são torturados, e os estoicos armados somente de "seus curtos raciocínios" para lutar contra os sofrimentos atrozes, mas aprova a lenta construção de si, educação simultânea e recíproca do corpo e da alma.

Do bom uso das paixões

Nessa educação, as paixões representam um papel notável, e novamente se mede a posição de Cícero pelas refutações que ele profere contra os estoicos e os peripatéticos nas *Discussões tusculanas*.

Os estoicos mostraram que as paixões eram todas provenientes de uma "razão que desarrazoa", e a sutileza de suas análises permite a Cícero explorar ainda mais o próprio processo do desregramento passional. Mas é primeiro por uma elaboração terminológica que Cícero assinala o deslocamento que submete às descrições gregas: tudo o que os gregos abarcam sob o termo genérico *pathè*, sejam receios, desejos, ira, Cícero recusa designá-lo por *morbi* (doenças), o que seria, no entanto, a tradução exata. Esses movimentos da alma quando está agitada são "distúrbios", "perturbações" (*pertubationes*), não doenças, certamente (*Discussões tusculanas*, 3, 7): isso significa, de imediato, que Cícero não escreve um tratado de patologia, mas elabora uma psicologia baseada nas noções de impulso e de movimento. A questão que se levanta, então, é a do limite a partir do qual o impulso se transforma em movimento desregrado.

Contestando a ideia defendida pelos peripatéticos, para quem as paixões são aguilhões úteis e naturais, Cícero pode apontar algumas distinções essenciais: a coragem no campo de batalha não precisa da fúria, conforme anseiam os peripatéticos leitores de Homero, e é preciso distinguir claramente os impulsos próprios à coragem (*impetus*) da raiva furiosa que dá a ilusão de mobilizar forças (4, 50). Do mesmo modo, o gosto (*studium*) que nos impulsiona a viajar ou a estudar não deve ser confundido com o desejo (*libido*) (4, 53). Se essas distinções não são estabelecidas, somos levados a tomar todo movimento por um movimento regrado; em contrapartida, se se qualifica de natural todo movimento passional, somos conduzidos a preservá-lo mesmo que seu excesso o torne nocivo ao homem (4, 57). Apenas os movimentos que não se opõem à razão, mas estão em conformidade com ela, contribuem para a plena realização do homem: movimentos de felicidade (*gaudium*) suscitados pela contemplação do mundo (5, 70), aprovação (*iucunditas*) oriunda do convívio com os amigos (5, 72), prazer e deleite (*voluptas et delectatio*) que levam os artistas a criar e os sábios a prosseguir com suas investigações (5, 114). Todos esses impulsos que permitem ao homem se desenvolver, constituindo a vida do sábio, Cícero os oferece em contraponto à estrita impassibilidade do estoico e à ataraxia do epicurista. Esses movimentos internos reforçam a coesão do homem e o orientam em direção ao mundo exterior e aos outros homens: eles o levam também a exprimir seus sentimentos e, ao mesmo tempo, a restituir, numa linguagem acessível aos outros, os sutis deslocamentos que produziram nele felicidade, sorriso e prazer.

Por isso, a leitura dos poetas, o espetáculo das paixões cantadas no teatro, tudo o que alimenta o "tratado de estilo", sobre o qual se finda o diálogo *Do orador* (3, 148-277), constitui uma aprendizagem fundamental, em dois níveis: o homem dota-se de ferramentas de comunicação mais bem emparelhadas com a riqueza de sua sensibilidade, mas, trabalhando principalmente com a expressão das paixões, ele aprende o mecanismo e, como um bom ator (*Discussões tusculanas*, 4, 55), sabe perceber o instante em que o movimento da sensibilidade se opõe à razão.

Não é, portanto, preconizando a erradicação das paixões que Cícero elabora sua reflexão ética, mas, ao contrário, é estudando-as para ser capaz de reproduzi-las, e então as dominando perfeitamente, ou seja, utilizando o corpo e as informações que ele sabe reter. Tal como na aprendizagem da dor, o trabalho com as paixões passa também pela modelagem do corpo: se o estoico Crisipo, de acordo com a tradição, recopiou integralmente a *Medeia* de Eurípides, Cícero vai mais longe, aconselhando, além disso, a "representar". Trata-se, efetivamente, de representar de modo que não seja superado por aquilo que é expresso: antecipando o *Paradoxo sobre o comediante*, Cícero recorda que, na atuação, o bom orador mantém sempre o controle sobre o sentimento que provoca nos outros. Nessas condições, pode-se verdadeiramente saber onde está o excesso e, por conseguinte, em quais limites se encontra a moderação.

Sugerindo, desse modo, que a experiência acumulada na expressão de todas as nuances da sensibilidade facilita o trabalho de limitação e controle dos movimentos da alma, Cícero pode reivindicar para o sábio, simultaneamente, as emoções e os sofrimentos, como a aflição e a preocupação, que os filósofos da impassibilidade recusam.

> Se fugimos da inquietação, então necessariamente devemos fugir também da virtude que suscita a inquietação, por desprezar e odiar o que lhe é contrário [...].
> É por isso que vemos sobretudo os justos se afligir com a injustiça, os corajosos, com a fraqueza, os homens comedidos, com os atos escandalosos. Assim, se é verdade que a aflição da alma alcança o sábio, e ela o alcança sem nenhuma dúvida, a menos que se considere que foi arrancada de sua alma toda a humanidade, qual razão ele tem para fazer desaparecer completamente a amizade da vida, apenas para evitar incômodos por causa dela? Pois que diferença pode haver, se lhe tirarmos o movimento da alma (*motus animi*), não digo entre a fera e o homem, mas entre o homem e um tronco, ou um rochedo, ou qualquer coisa desse gênero?[9]

---

9. Cícero, *Da amizade*, 48.

Vê-se aqui como Cícero se recusa a distinguir a preocupação alheia, que culmina na amizade, e a aflição que se apodera do homem justo diante da injustiça; ele estabelece entre esses dois tipos de movimento da alma um elo necessário que é, na realidade, dois aspectos indissociáveis da mesma definição do homem: o movimento existe porque ele é um ser vivo — e não um tronco ou um rochedo —, o movimento é o que melhor descreve não apenas a atração para o que é semelhante a si mesmo ou o que se procura imitar, mas também para a repulsa ao que é contrário. Cícero mantém, por isso, até na definição do adulto amadurecido, essa dinâmica do impulso que os estoicos e os epicuristas abandonaram, uma vez passado o primeiro estado da infância.

A *amizade como paradigma da política*

Se a análise da amizade tem tanta importância, a ponto de Cícero lhe dedicar um de seus últimos diálogos, é através dela que se delineia toda a rede de relações pelas quais o homem progressivamente se constrói. Pela benevolência, orientação ativa da vontade a favor de outrem, a amizade se estabelece e transforma o que podia ser apenas uma proximidade passiva — comunidade de relações familiares, de interesses, de clientes — em uma relação escolhida, em que poderão florescer o entusiasmo para com o outro e a gentileza de ligações garantidas tanto pelo comércio de serviços quanto pelo apego durável e pelo prazer que proporciona.

Nessa relação, Cícero mostra como se articulam o desenvolvimento ético do homem e a construção do elo social e político por excelência, aquele que fundamenta a *fides*: sem a *fides*, que é tanto um comprometimento constante consigo mesmo quanto o respeito àquilo que se deve aos outros, não há amizade possível, tampouco *res publica* que possa usar esse nome. Não se trata aqui de analogia: se o leitor de hoje distingue a esfera privada, de um lado, e a esfera pública, de outro, em latim clássico, em contrapartida, a *amicitia* designa tanto os elos políticos que unem dois homens de uma mesma "facção" quanto o ímpeto que leva a amar o outro como um outro si mesmo.

Com essa ferramenta linguística, Cícero pode aprofundar o debate empreendido sobre a construção ética na comunidade política: não admira, portanto, que seu diálogo *Da amizade* faça expor através de Lélio, um dos principais interlocutores do diálogo *Da República*, uma reflexão sobre a amizade suscitada pela perda recente de seu amigo Cipião, cuja morte iminente pairava justo na encenação do diálogo dedicado à *res publica*.

Apresentando a amizade de Cipião e de Lélio como exemplar, Cícero esboça para seu amigo Ático, em meio às ruínas da república na qual viviam outrora esses dois homens, uma via para re-fundar as ligações éticas necessárias à reconstrução da comunidade política: é notável que nos casos em que Platão propunha a prática da justiça como relação analógica entre a cidade e a alma, Cícero desenvolve, em vez disso, o modelo da amizade. É que a amizade, e apenas ela, pode permitir alcançar a plenitude das virtudes humanas (*Da amizade*, 83), porque, reciprocamente, sem as virtudes, não há amizade possível. Mas se a amizade é o esteio através do qual o homem se desenvolve (88), a relação com o outro é a ocasião de uma aprendizagem difícil em que se apresenta o domínio dos afetos: suportar a franqueza com a qual o amigo expressa seus julgamentos, recusar a facilidade da bajulação, indigna de um homem livre e reservada ao tirano, em uma palavra: saber controlar tudo o que pode engendrar em nós a irritação ou a suspeição (88-90). Nesse sentido, a amizade constitui a formação mais pertinente para a vida política na qual se atua, na confrontação livre com os outros, na conformação de si próprio como ser dos afetos e da razão. No fim dessa lenta e progressiva construção de si mesmo, entre os homens e graças a eles, o homem pode aspirar a um status ético que sintetiza o termo *auctoritas*: noção essencial em direito romano, que designa uma competência própria, aquela que faz aumentar a eficácia de um ato, a *auctoritas* é também, e sobretudo, o princípio político em nome do qual o Senado intervém em todas as tomadas de decisão. Relacionado ao indivíduo, o termo abarca tudo o que confere a uma decisão seu fundamento e suas garantias. Mas como salienta Catão, o Velho, no diálogo *Da velhice* (62), a velhice não é condição suficiente para gozar da *auctoritas*: é toda uma vida vivida com retidão que permite alcançar a *auctoritas* como o fruto último desse trabalho sobre si mesmo. Não se pode dizer mais claramente que a ética ciceroniana procede "reativando" os conceitos políticos: o objetivo visado pela conformação ética se exprime assim, com *auctoritas*, como a competência absoluta, que permite dar sua aprovação e se oferecer como garante àqueles que solicitam uma ajuda.

Voltando-se para os outros, alimentando-se de outros, o homem que "esculpiu" o que a natureza apenas esboçou tornou-se não um sábio, mas simplesmente um homem. Pois o que há de humano nele, o que o distingue da fera, é menos um dado que uma construção, como o faz compreender o termo *humanitas*, no qual são articuladas a cultura e a benevolência para com os outros: é recordar quanto o aperfeiçoamento do homem deve à sua abertura ao mundo, dos livros e dos homens.

Uma filosofia para o cidadão

Os estoicos situam em um espaço intermediário, nem entre os bens nem entre os males, o conjunto de atividades próprias ao homem, englobado no termo *kathèkon*: desse "adequado" Cícero fez o *officium*, o dever definido por uma função na cidade, um dever cuja justificação não provém de seu caráter "racional" (*eulogon*), mas daquilo que pode constituir matéria de análise e suscitar a aprovação (*probabile*). Em vez de "traduzir", Cícero "desloca", e nos faz assim compreender como ele pode se apropriar da reflexão ética estoica modificando-a radicalmente: o que no estoicismo é intermediário e eticamente neutro torna-se um instrumento para pensar a ética a partir das condições da atividade humana na cidade. Mas Cícero não se limita a reapropriações pontuais; as confrontações entre doutrinas e as leituras críticas que ele não cessa de fazer em sua própria tradição filosófica têm um alcance mais amplo: refundar filosoficamente o lugar da política.

Cícero separou a ética da física, retomando, mas num contexto filosófico completamente diferente, o gesto radical de Sócrates, que fez descer a filosofia do céu para instalá-la nas cidades: enquanto as filosofias dominantes faziam a ética depender da física, Cícero refletiu sobre a ética a partir do espaço político. À contracorrente dos métodos filosóficos que recomendam se apoiar nos princípios firmemente estabelecidos para codificar e prescrever as condutas, o caminho de Cícero tem como ponto de partida a observação, um importante lugar para a história e para os exemplos que ela transmite: trata-se de refletir sobre o homem tal como ele é, ou seja, tal como ele foi moldado pela comunidade humana à qual pertence, e tal como ele moldou a si mesmo nesse ambiente específico.

Essa abordagem pôde durante muito tempo alimentar o tenaz preconceito filosófico segundo o qual "os romanos", e Cícero em particular, apenas se interessam por uma moral "prática" que exalta os valores dos grandes ancestrais: isso é esquecer que a empreitada de Cícero decorre de uma posição teórica muito firme. Enquanto as outras doutrinas pretendem relacionar toda vida humana às "leis da natureza", Cícero põe à prova os discursos dos físicos e revela seus inúmeros desacordos para mostrar que a impossibilidade de conhecer deve incitar a trabalhar de acordo com outros métodos e outros conceitos. É o que ele fez progressivamente, considerando que o homem, em sua avidez por conhecer, pode chegar a dominar: no entanto, isso não é o que comporta certo grau de "verdade", mas o que pode suscitar a análise, e eventualmente a aprovação. Aí reside o domínio, uma vez que o homem é ativo em face do que ele põe à prova, e esse domínio não depende de condições objetivas — supondo que elas existam — que tornam possível o conhecimento: com o conceito do *probabile*, Cícero explora tudo o que o homem pode dominar num espaço epistemológico que ele mesmo delimita através de seu comprometimento como sujeito, sem referência a uma impossível ontologia.

Recusando ao homem o status ontológico — se não degradado ao menos "intermediário" — que Platão lhe concedeu para sua vida na terra, Cícero trabalha, ao contrário, com o conceito do *probabile*, valorizando o único espaço onde o homem pode desenvolver toda sua atividade, o espaço político. Para isso, ele desloca as questões clássicas, para não dizer consolidadas, da filosofia proveniente de Platão, mostrando assim o que é uma prática ativa e livre da filosofia: não há uma boa nem uma má retórica, porque não há uma "verdadeira" e uma "falsa" retórica, mas existe, todavia, no uso comum e específico da língua, um modo extraordinário de comunicar, de persuadir, de incitar à ação bem como à investigação filosófica em conjunto. Eis o que permite a Cícero dizer que o homem político digno de zelar pela cidade é necessariamente orador e, por conseguinte, filósofo: não é tanto um "programa de educação" quanto uma reabilitação radical da palavra no espaço político que confere, então, seu lugar à filosofia, desde que ela rejeite o jargão.

Mas Cícero sabe também que a palavra comporta nela mesma violência e manipulação: longe de idealizar as condições da vida na cidade, ele mostra, ao contrário, quanto são frágeis os elos que garantem a coesão e o equilíbrio dos poderes, quanto toda conquista é provisória e sujeita a reavaliação constante. No entanto, é nesse espaço de movimentos e de conflitos, e apenas nele, que o homem se realiza plenamente: Cícero faz do dever do homem um trabalho incessante com os outros e sobre si mesmo. É por isso que ele escreve uma ética política que privilegia a dinâmica, a da confrontação, dos impulsos, dos afetos, do corpo trabalhado por uma cultura cívica. O papel da contemplação e da especulação na conformação que o homem faz dele mesmo não é, no entanto, excluído: o gosto pelo estudo, a admiração pelo espetáculo do cosmos, tudo o que lhe faz suspeitar do divino, no mundo e nele mesmo, todos os movimentos que o mantêm direito, em uma postura que determina o olhar voltado para o alto. Que esse olhar alcance tão somente a beleza do mundo, sem atingir os princípios, não é fonte de descontentamento nem instala o homem numa insatisfação metafísica: sempre livre, curioso, o homem que não procura transformar a contemplação em conhecimento, tarefa impossível, mantém uma reserva de felicidade inalienável, quaisquer que sejam as condições nas quais ele deve cumprir seu dever de homem.

Referências bibliográficas

Obras de Cícero citadas[1]

De L'Invention. Texto estabelecido e traduzido por G. Achard. Paris: Les Belles Lettres, 1994. (Collection des Universités de France)

De L'Orateur. Texto estabelecido e traduzido por E. Courbaud. Paris: Les Belles Lettres, 1938. (Collection des Universités de France)

La République. Texto estabelecido e traduzido por E. Bréguet. Paris: Les Belles Lettres, 1980. (Collection des Universités de France)

Traité des lois. Texto estabelecido e traduzido por G. de Plinval. Paris: Les Belles Lettres, 1959. (Collection des Universités de France) [Ed. bras.: *Das leis*. Trad., introd. e notas de Otávio T. de Brito. São Paulo: Cultrix, 1967.]

Brutus. Texto estabelecido e traduzido por J. Martha. Paris: Les Belles Lettres, 1923. (Collection des Universités de France) [Ed. bras.: *Brutus e a perfeição oratória (Do melhor gênero de oradores)*. Trad., introd. e notas de José R. Seabra Filho. Belo Horizonte: Nova Acrópole, 2013. (edição bilíngue)]

---

1. Os volumes da Collection des Universités de France, também conhecida como Collection Budé, são citados a partir da data da primeira edição; todos esses volumes tiveram muitas reimpressões. As traduções dos excertos de Cícero neste livro são minhas.

Les Paradoxes des stoïciens. Texto estabelecido e traduzido por J. Molager. Paris: Les Belles Lettres, 1971. (Collection des Universités de France)

L'Orateur. Texto estabelecido e traduzido por A. Yon. Paris: Les Belles Lettres, 1964. (Collection des Universités de France)

Premiers académiques. Trad. de E. Bréhier, revista por V. Goldschmidt. Paris: Gallimard, 1962. (Bibliothèque de la Pléiade)

Academica. Texto latino e tradução inglesa de *Academica priora e posteriora* por H. Rackham. Londres; Harvard: The Loeb Classical Library, 1933. [Ed. bras.: *Acadêmicas*. Trad. de José R. Seabra Filho. Belo Horizonte: Nova Acrópole, 2012. (edição bilíngue)]

Des Termes extrêmes des biens et des maux. Texto estabelecido e traduzido por J. Martha. Paris: Les Belles Lettres, 1928. (Collection des Universités de France) [Ed. bras.: *Do sumo bem e do sumo mal*. Trad. de Carlos Ancedê Nougué. São Paulo: Martins Fontes, 2005.]

Tusculanes. Texto estabelecido por G. Fohlen e traduzido por J. Humbert. Paris: Les Belles Lettres, 1931. (Collection des Universités de France) [Ed. bras.: *Discussões tusculanas*. Trad. de Bruno Fregni Bassetto. Uberlândia: Ed. da Universidade Federal de Uberlândia, 2014. (edição bilíngue)]

La Nature des dieux. Texto traduzido e comentado por C. Auvray-Assayas. Paris: Les Belles Lettres, 2002. (La Roue à Livres) [Ed. bras.: *Da natureza dos deuses*. Trad. de Bruno Fregni Bassetto. Uberlândia: Ed. da Universidade Federal de Uberlândia, 2016. (edição bilíngue)]

La Divination. Texto traduzido e comentado por G. Freyburger e J. Scheid. Paris: Les Belles Lettres, 1992. (La Roue à Livres)

Timeo. Trad., introd. e notas de A. Escobar. Madri: Editorial Gredos, 1999.

Traité du destin. Texto estabelecido e traduzido por A. Yon. Paris: Les Belles Lettres, 1933. (Collection des Universités de France) [Ed. bras.: *Sobre o destino.* Trad. e notas de José Rodrigues Seabra Filho. São Paulo: Nova Alexandria, 2001 (edição bilíngue)]

Caton l'Ancien (De la vieillesse). Texto estabelecido e traduzido por P. Wuilleumier. Paris: Les Belles Lettres, 1969 [nova edição]. (Collection des Universités de France) [Ed. bras.: *Catão, o velho, ou diálogo sobre a velhice.* Trad., introd. e notas de Marino Kury. Porto Alegre: Edipucrs, 1998. (Coleção Filosofia 68)]

L'Amitié. Texto estabelecido e traduzido por R. Combès. Paris: Les Belles Lettres, 1971. (Collection des Universités de France) [Ed. bras.: *Da amizade.* Trad. de Gilson Cesar Cardoso de Souza. Notas de Homero Santiago. São Paulo: Martins Fontes, 2001.]

Topiques. Texto estabelecido e traduzido por H. Bornecque. Paris: Les Belles Lettres, 1960. (Collection des Universités de France) [Ed. bras.: *Os tópicos.* Trad. de Baltazar Alves. *Revista Brasileira de Filosofia*, Editora Revista dos Tribunais, ano 59, n. 234, pp. 313-341, jan.-jun. 2010.]

Les Devoirs. Texto estabelecido e traduzido por M. Testard. Paris: Les Belles Lettres, 1965. (Collection des Universités de France) [Ed. port.: *Dos deveres (De officiis).* Trad., introd. e notas de Carlos Humberto Gomes. Lisboa: Edições 70, 2000.]

Estudos sobre Cícero

BOYANCE, P. *Études sur l'humanisme cicéronien*. Bruxelas: Latomus, 1970. (Collection Latomus, 121)

GRIMAL, P. *Cicéron*. Paris: Fayard, 1986.

LEVY, C. *Cicero academicus. Recherches sur les Académiques et sur la philosophie cicéronienne*. Roma: École Française de Rome, 1992. (Collection de l'École Française de Rome 162).

MICHEL, A. *Les Rapports de la rhétorique et de la philosophie dans l'oeuvre de Cicéron*: Essai sur les fondements philosophiques de l'art de persuader. Paris: PUF, 1960.

MULLER, P. *Cicéron. Un philosophe pour notre temps*. Paris: L'Âge d'Homme, 1990.

NARDUCCI, E. *Introduzione a Cicerone*. Bari; Roma: Laterza, 1992.

NICOLET, C.; MICHEL, A. *Cicéron*. Paris: Seuil, 1961. (Écrivains de Toujours)

RAWSON, E. *Cicero, a Portrait*. Londres: Allen Lane, 1975.

SCHMITT, C. B. *Cicero Scepticus: A Study of the Influence of the Academica in the Renaissance*. Haia: Martinus Nijhoff, 1972.

Obras coletivas

NERAUDAU, J.-P. (Org.). *L'Autorité de Cicéron de l'Antiquité au XVIIIe siècle*. Caen: Paradigme, 1993.

POWELL, J. G. F. (Intr. e org.). *Cicero the Philosopher: Twelve Papers*. Oxford: Clarendon, 1995.

INWOOD, B.; MANSFELD, J. (Orgs.). *Assent and Argument*: Studies in Cicero's Academic Books. Leinden: Brill, 1997.

AUVRAY-ASSAYAS, C.; DELATTRE, D. (Orgs.). *Cicéron et Philodème: La Polémique en philosophie.* Paris: Rue d'Ulm, 2001.

Estudos sobre a filosofia helenística

ASMIS, E. *Epicurus' Scientific Method.* Ithaca; Londres: Cornell University Press, 1984.

BARNES, J.; GRIFFIN, M. (Orgs.). *Philosophia Togata I. Essays on Philosophy and Roman Society.* Oxford: Clarendon, 1997 (nova edição).

_____. *Philosophia Togata II: Plato and Aristotle at Rome.* Oxford: Clarendon, 1997a.

BRITTAIN, C. *Philo of Larissa: The Last of the Academic Sceptics.* Oxford: Oxford University Press, 2001.

GOLDSCHMIDT, V. *Le Système stoïcien et l'idée de temps.* 4ª ed. Paris: Vrin, 1979.

LONG, A. A.; SEDLEY, D. *Les Philosophes hellénistiques.* Trad. de J. Brunschwig e P. Pellegrin. 3 v. Paris: Flammarion, 2001.

RODIS-LEWIS, G. *Epicure et son école.* Paris: Gallimard, 1975.

ESTE LIVRO FOI COMPOSTO EM SABON CORPO 10,7 POR 13,5 E
IMPRESSO SOBRE PAPEL OFF-SET 90 g/m² NAS OFICINAS DA ASSAHI
GRÁFICA, SÃO BERNARDO DO CAMPO-SP, EM JUNHO DE 2018